Joachim Schult

Die schnellste Weltumsegelung durch die Südsee

Die Einhandreise von Dr. Jörgen Meyer mit der »Paloma« 1971–1972 in 350 Tagen von der Elbe um die Welt

Stalling

Abbildungen:
Archiv (1), Helmut Bellmer (1), Jörgen Meyer (6), Christa Roedler (1), Joachim Schult (26), Wetterdienst der Südafrikanischen Union (6). Für freundliche Unterstützung danken wir Frau Gertrud Meyer, Herrn Erich Steinborn vom Seewetteramt in Hamburg und dem Verein »Trans-Ocean« zur Förderung des Hochseesegelns.

Schutzumschlag: E. Beaufort
Gesamtherstellung: Clausen & Bosse, Leck
Printed in Germany
ISBN 3 7979 1880 1

Vorwort

In dieser dokumentarischen Schriftenreihe sind die Erlebnisse und Erfahrungen von bekannten Blauwasserseglern und ihren berühmten Transozeanfahrten in kleinen Yachten beschrieben und ausgewertet worden, mit genauen Daten, bisher unbekannten Hintergründen, kritischen Parallelen und fachlichen Erklärungen, wo sie notwendig und nützlich sind.

Als Quintessenz jeder Reihe stellt der dem eigentlichen »Erlebnisteil« parallellaufende »Informationsteil« eine Auswertung der gesammelten Erfahrungen dar, die man zum Nachschlagen griffbereit haben sollte, wenn man selbst – wann auch immer – eine ähnliche Reise plant oder dem Kielwasser eines Pfadfinders auf blauem Wasser folgen will.

Deutsches Institut für Segelsport
Gerhard Stalling Verlag

Widmung

Dieses Buch ist Dr. Ing. Jörgen Meyer gewidmet, der in wenigen Jahren und noch dazu im Seniorenalter 50000 Seemeilen einhand auf blauem Wasser zurücklegte und dafür u. a. mit dem deutschen »Trans-Ocean-Preis« und dem amerikanischen »Benrus-Citation-Award« ausgezeichnet wurde. Seine Langfahrten werden immer beispielhaft bleiben. Dieses Buch ist aber auch seiner tapferen Ehefrau Gertrud Meyer gewidmet, die ihre eigenen persönlichen Interessen dem Wunsche ihres Mannes opferte und dadurch letztlich ermöglichte, daß Jörgen Meyer seine sportlichen Ziele doch noch erreichen konnte und seine Leistungen im Hochseesegeln in die deutsche Seglergeschichte eingegangen sind.

Joachim Schult

Inhalt

Einmal um die Welt segeln!

Der Traum eines Lebens kann erst in der Seniorenzeit verwirklicht werden

Wie lange kann man seine Liebe zur See konservieren? Wie lange kann oder muß man die Sehnsucht unterdrücken, auf blauem Wasser zu schippern, auf eigenem Kiel zu segeln und so vielleicht einmal den Erdball zu umrunden? Jörgen Meyer hat diesen Jugendtraum ein ganzes Leben lang bewahrt: Wo der Student Jörgen Meyer 1927 abbrechen mußte, als er an einem Segelkurs des Deutschen Hochsee-Sportverbandes »Hansa« teilgenommen hatte, da knüpfte der Chemiker Dr. Jörgen Meyer genau 40 Jahre später, nach seiner Pensionierung im Jahre 1967, wieder an: Segeln auf blauem Wasser.

Die Zeit, die zwischen dem 21jährigen Studenten und Segelschüler sowie dem 61jährigen Pensionär und Seekreuzer-Eigner liegt, und die Erlebnisse in diesen vier Jahrzehnten deutscher Geschichte stellen allein schon, auf den Menschen und Familienvater bezogen, eine ereignisreiche Zeit dar: Weimarer Republik und Weltwirtschaftskrise, Studium und NS-Zeit, Krieg und Zerstörung, Not und Wiederaufbau, Wirtschaftswunder und touristische Expansion sind nur einige Begriffe für die Lebenserinnerungen Jörgen Meyers, wenn sie noch hätten geschrieben werden können. Uns kann hier nur das Seglerleben interessieren, sein später Beginn und die beispielhafte Qualifikation, die mustergültige Konsequenz in der schrittweisen Verfolgung der sportlichen Ziele und die Bescheidenheit auch nach den international anerkannten Erfolgen.

Dr. Jörgen Meyer (65)

»Dies war das Bild meiner Jugendträume, das ich seit meinem ersten Segelkursus 40 Jahre lang in meinem Herzen bewahrte«, erzählt Jörgen Meyer selbst zu den Fotos der segelnden »Paloma«. »Aber in den 40 Jahren, in denen meine seglerische Betätigung ruhte, las ich alles, was ich an Fahrtenberichten von Blauwasserseglern erhalten konnte. Fragte mich eines meiner Kinder dann, was ich mir zum Geburtstag oder zu Weihnachten wünschte, dann sagte ich gewöhnlich: Spiel mir auf der Flöte oder dem Akkordeon mein Lieblingslied vor: ›La Paloma‹. Erst im Jahre 1967, als ich schon pensioniert war, wurde aus dem Lied ein Boot und aus dem Traum ein Plan: Die Weltumseglung.«

Der Weg dorthin ist ein Mehrjahresplan nach dem pädagogischen Motto: »mit kleinen Schritten zu großen Zielen«.

Jörgen Meyer erwirbt 1967 auf dem Ammersee den DSV-Führerschein A für Binnenfahrt. In Kufstein folgt bei Claus Krieger, dem damaligen Leiter der Yachtschule Elba, der theoretische Kursus und im anschließenden Sommer auf einem Afrikatörn von der Segelschule Elba aus die praktische Prüfung für den DSV-Segelschein für Küstenfahrt. Jörgen Meyer gibt schon damals sein Ziel, eine Weltumseglung, überall an – aber meistens erntet er dazu nur ein mitleidiges Lächeln: So gut wird die Praxis dieses ja nicht mehr jungen Seglers von niemandem bewertet, und auch der erfahrene Hochseesegler Hans Rudolf Rösing als einer seiner Lehrer sagt mehr als einmal: »Das schaffen Sie nie!«

Aber Jörgen Meyer ist zäh: Er erwirbt im Herbst 1968 das »Allgemeine Sprechfunkzeugnis für den Seefunkdienst« und mustert im Winter 1968/69 auf der Segelyacht »Törner« an, um den Nordatlantik (quasi zur Probe und in Gesellschaft) bei einer Transozeanreise von Gibraltar nach Barbados in Westindien im rauhen Segleralltag zu erleben.

Die 12 m lange und 3,40 m breite Stahlketsch, die die Brüder Rolf und Gerd Kaczierek in ihrer Wahlheimat Köln in mehrjähriger Arbeit selbst gebaut haben, mit einem Tiefgang von 1,70 m, einer Verdrängung von 12 t, 80 m^2 Segelfläche und einem 30-PS-Motor, ist sicher keine komfortable Yacht, und die anderen drei Männer an Bord sind sicher keine Yachtsegler eines typischen Yachtclubs. Aber vielleicht wird bei dem engen Zusammenleben mehrerer Personen verschiedenen Alters und unterschiedlicher Herkunft und Bildung für Jörgen Meyer klar, daß die Erfüllung seiner Segelträume nur als Einhandsegler möglich ist, in Harmonie mit einem Boot und im Leben mit der See, aber nicht im Kontakt mit anderen Menschen an Bord, in glücklicher Individualität, nicht in fordernder Gemeinschaft. Am 28. November 1968 verläßt Jörgen Meyer mit der »Törner« Gibraltar, erreicht am 1. Dezember Casablanca und läuft nach einem Ruhetag nach Las Palmas aus, wo die Ketsch am 10. 12. 1968 festmacht. Erst am 26. Dezember geht es von dort weiter. Die »Törner« läuft Porto Grande auf den Kapverdischen Inseln an, um Proviant und Wasser zu übernehmen, bleibt vier Tage hier und erreicht am 11. Februar 1969 Barbados.

»Jörg, der älteste unter uns (er wollte als Gast nur bis Barbados mitsegeln, und von dort aus mit dem Flugzeug weiter nach Brasilien und später zurück nach Deutschland fliegen) beteiligte sich an allen anfallenden Aufgaben, doch seine Lieblingsbeschäftigung war Navigation und Geschirrspülen«, berichtet der Skipper der »Törner« über seinen später so prominenten Mitsegler. Mit den praktischen Erfahrungen der Navigation auf blauem Wasser legt Jörgen Meyer 1969 an der Seefahrtsschule in Lübeck die amtliche Prüfung als »Sporthochseeschiffer« ab und gibt dann sein Boot für die geplante Weltumseglung in Auftrag: einen »Fähnrich 34«, den seine Frau Gertrud im Frühjahr 1970 auf den Namen »Paloma« tauft.

Der »Fähnrich 34« ist ein bewährter Serientyp des bekannten deutschen Yachtkonstrukteurs Anton Miglitsch. Er wird von der Bölte-Werft in Rendsburg zum Preis (1. 10. 1969) von 60800,– DM zuzüglich Mehrwertsteuer gebaut: der Rumpf aus glasfaserverstärktem Kunststoff, Deck und Aufbau in Sandwichbauweise. In den Rumpf eingegossen und einlaminiert Bleiballast von 2,16 t. Ruder sowie sämtliche Beschläge aus Nirosta. Einlaminierte Trinkwassertanks 250 l, Brennstofftanks 140 l. Innenausbau in Teak. Zweiflammiger Primus-Petroleumherd, Pantry mit Spüle, Bug- und Heckkorb, Seereling mit zwei Durchzügen, Alumast mit Beschlägen, Großbaum mit Schneckenreff, Schotwinden, Dorade-Lüfter mit Entwässerung, E-Anlage mit 12 Volt-Akku, 86 Ah, Bilgepumpen, Positionslaternen u. v. a. gehören zur Serienausstattung. Jörgen Meyer wählt unter den »Extras« ein vergossenes Teak-Stabdeck für weitere 4000,– DM, und mit der weiteren seemännischen und nautischen Ausrüstung, Reservesegeln, Reserveanker, Windrichtungs- und Windgeschwindigkeitsmessern, Sitzgräting, Spritzwasserverdeck u. v. a. wird bald eine sechsstellige Summe erreicht.

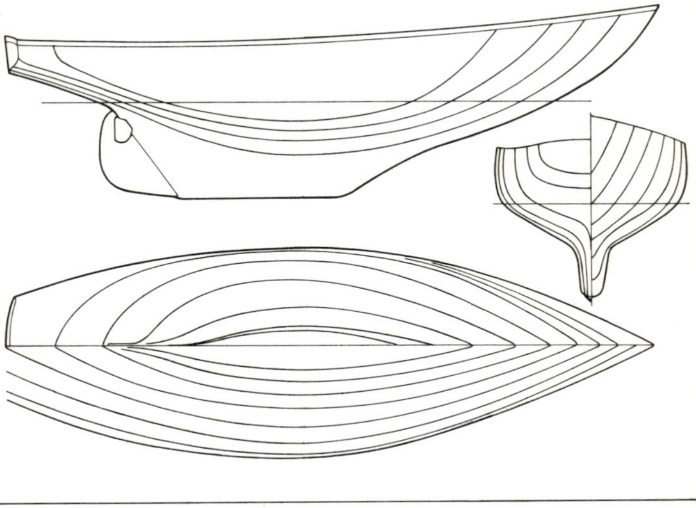

»Paloma«, Linienriß

»Paloma«

Seekreuzer »Paloma« vom Serientyp »Fähnrich 34«. Konstrukteur Anton Miglitsch. Bauwerft Bölte, Rendsburg. – Lüa 10,25 m, LWL 7,15 m, Büa 3,05 m. Tiefgang 1,47 m. Verdrängung 5,55 t. Segelfläche 44,5m². Das Boot hat 2 Kojen im Vorschiff und 2 Hundekojen im Salon sowie eine Dinette.

Aber damit ist die Liste der Sonderwünsche noch nicht zu Ende: Über dem großen Kartentisch werden Bücherregale eingebaut, die in ihren Abmessungen genau für die bei der astronomischen Navigation benötigten Bücher passen. Eine Quarzuhr wird als Chronometer gehaltert. Ein Funksprechgerät wird angeschafft, allerdings nur mit einer Reichweite von ca. 100 sm – vielleicht etwas zu kurz, wie sich später zeigen wird. Ein zweites Achterstag wird geschoren, um Platz für die Windfahnen-Selbststeueranlage zu schaffen, die am Heck installiert wird. Ein zweites Vorstag wird gesetzt, um zwei Vorsegel im Passatgebiet gleichzeitig benutzen zu können. Die noch nicht obligatorischen Seglerlaternen rot über grün werden am Mast montiert, um die »Paloma« mit ihrem Wegerecht gegenüber Maschinenfahrzeugen auf freier See besser zu kennzeichnen.

Diese Lichterführung wurde damals von Seglern selten angewandt, aber sie war wirkungsvoll: Mir sagte einmal ein Handelsschiff-Offizier, er hätte diese Lichter nachts nur einmal gesehen, und niemand auf der Brücke hätte gewußt, was sie zu bedeuten hätten. Der Kapitän hätte dann erklärt, dieses Fahrzeug mit den Lampen rot über grün müßte wohl ein gefährlicher Bursche sein, also bloß weg von dem Kerl, Kurs ändern und freihalten! Wer die zahlreichen Fälle kennt, wo kleine Yachten von großen Schiffen gedankenlos überlaufen wurden, darf sich dieser positiven Vorsichtsreaktion schon freuen.

Auch Radarreflektoren und die Flagge »Delta« des Internationalen Signalbuches sollen bei Tag und bei Nacht die kleine »Paloma« eines Einhandseglers für die großen Schiffe erkennbar machen.

In den folgenden Sommern 1970 und 1971 macht Jörgen Meyer mit seinem Seekreuzer Übungsfahrten in der Ostsee, meistens zusammen mit seiner Frau und anderen Familienmitgliedern. Einmal segelt er auch einhand von Travemünde nach Norwegen und zurück und freut sich über die Kursstabilität dieses konventionell konstruierten Bootes mit dem langen Lateralplan und die weichen See-Eigenschaften mit der so günstigen, mittleren Verdrängung. »Paloma« ist nicht so steif und schwerfällig wie ein kräftiger Verdränger, aber auch nicht so unruhig und hart in seinen Bewegungen wie ein Leichtdeplacementboot. Und dann ist es endlich so weit: Der Traum beginnt sich zu erfüllen, die Bewährungsprobe fängt an.

Jörgen Meyer auf seiner »Paloma« klar zum Start zu einer Weltumsegelung: »In einem Jahr bin ich wieder zu Hause!« Der Seekreuzer war von einem anerkannten Konstrukteur gezeichnet und von einer bewährten Werft gebaut worden. Meyer hatte ihn sorgfältig und umfassend ausgerüstet und auch sich selbst seemännisch und nautisch gewissenhaft vorbereitet. Sein Alter war bei seiner Fahrt kein Handikap.

Zeitplan und Kurswahl – ein vielschichtiger Kompromiß

Nur in Sommer- oder Tropenzonen segeln und Hurrikangebiete meiden

Elga und Ernst-Jürgen Koch, die von 1964 bis 1967 auf der stählernen »Kairos«, Lüa 9,60 m, LWL 7,48 m, Büa 2,58 m, Verdrängung 4,9 t, Amwindbesegelung (Großsegel und Fock I) 33,5 m^2, einem in der Größe der »Paloma« vergleichbaren Boot die Welt umsegelten, setzten hierfür eine Mindestzeit von 3 Jahren und 3 Monaten an. Ihr Kurs führte ebenfalls Ost-West durch die Passatgebiete über eine Distanz von ca. 33000 sm, und sie wollten nach ihrem Routenplan in dieser Zeit ca. 400 Tage auf See segeln und ca. 800 Tage in Häfen liegen. Dieses Verhältnis von einem Drittel See- und zwei Dritteln Hafentage motivierten sie und andere Weltumsegler vor und nach ihnen mit Hurrikan-Zeiten und Hurrikan-Gebieten, die diese »Zwangsaufenthalte« bedingten, so daß der Südseeurlaub zwischen den Segeltörns, eine mehrmonatige Kreuzfahrt in Westindien oder eine mehrwöchige Safari in Afrika gleichsam ein »Muß« zu sein schienen, wenn man aus Gründen der Sicherheit für Boot und Besatzung auf so abenteuerliche Weise um den Globus schipperte.

Rechts: Anfang und Ende der Reise wurde von Meyer in den Nordsommer gelegt. Nur wenige Tage lief der Kurs durch die (Freibord-)Zone Südwinter. Man beachte die Lage des meteorologischen Äquators zur nördlichen Mittsommerzeit (am 21. Juni) auf 23° N.

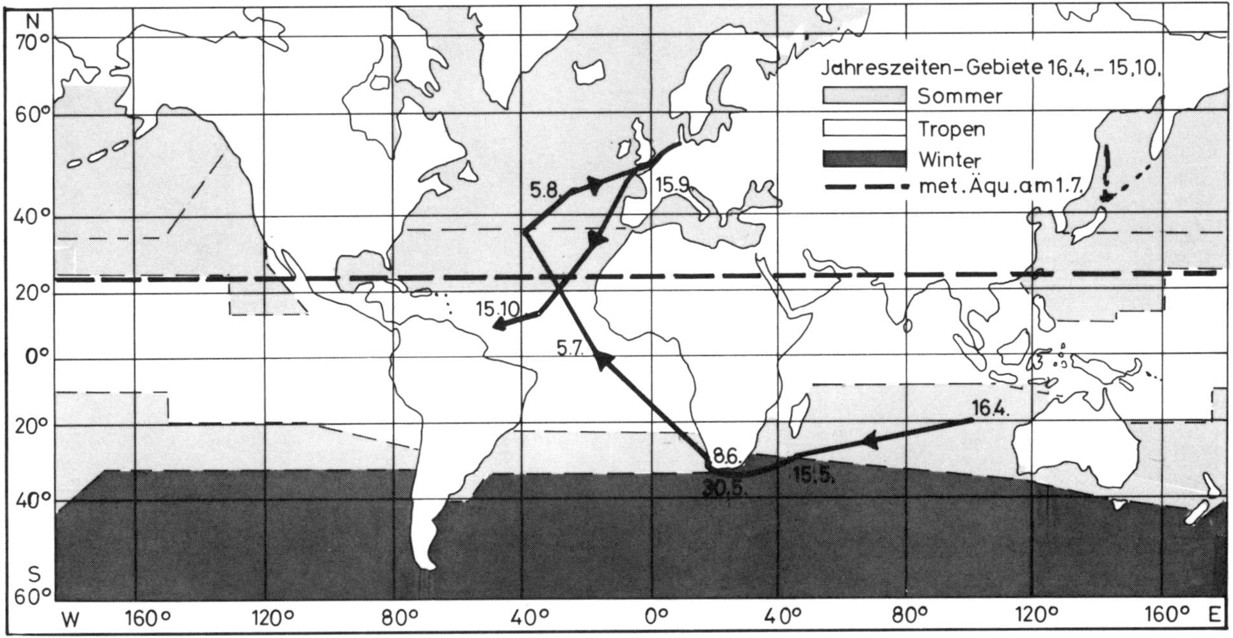

Jahreszeiten-Gebiete 16.4.–15.10.
Sommer
Tropen
Winter
met. Äqu. am 1.7.
16.4.
15.5.
30.5.
8.6.
5.7.
5.8.
15.9.
15.10.
N
70°
60°
40°
20°
0°
20°
40°
S
60°
W
160°
120°
80°
40°
0°
40°
80°
120°
160°
E

»Aus Büchern über Hochseesegeln erstellten wir Auszüge«, berichtet das Ehepaar Koch, »gesegelte Zeiten, Wetter, Kurse, Häfen, Proviant, Wasser, Stauprobleme wurden registriert. Seehandbücher, Pilot Charts, Meteorologische Abhandlungen wurden hinzugezogen. In eine Weltkarte trugen wir mit Monatszahlen die Jahreszeiten für tropische Wirbelstürme, Regenzeiten und Schlechtwetterperioden ein. Zeigte ein Seegebiet die Zahlen 11, 12, 1, 2, 3, 4, 5, so war es von November bis Mai für uns ›gesperrt‹. Dann wurde der Kurs mit einem Durchschnittswert von 100 sm für 24 Stunden in die Weltkarte eingetragen und ebenfalls per Monat numeriert. Fielen gleiche Monatszahlen von Seegebiet und Kurs zusammen, wurde der Zeitablauf geändert, bis unser Kurs gefährliche Jahreszeiten bestmöglich vermied.«

Auch Jörgen Meyer hätte seine Weltumseglung am liebsten mit seiner Frau durchgeführt und wäre dabei gern drei Jahre lang mit ihr unterwegs gewesen. Frau Gertrud Meyer mochte aber nicht so lange von ihrer Familie entfernt und unterwegs sein, und da Jörgen nun allein segeln mußte, wollte er die Weltumseglung nach sportlichen Gesichtspunkten interessanter gestalten und versuchen, sie in einem Jahr durchzuführen. So entstand der Zeitplan unter Abwägen aller möglichen Risiken für eine Erstleistung: Eine schnelle Weltumseglung auf der Passatroute Ost–West, die vor Jörgen Meyer noch niemand versucht oder geschafft hatte. Die Grundlage des Gelingens war ein Zeitplan, der eingehalten werden mußte, wenn die »Paloma« aus Gründen der meteorologischen Navigation zu bestimmten Zeiten bestimmte Punkte erreichen sollte. Erste Voraussetzung: Die Zeit der Stopps mußte begrenzt werden; das Verhältnis Segeltage : Hafentage mußte ca. 10 : 1 betragen, d. h. in diesem einen Jahr mußte »Paloma« ca. 320 Tage segeln und durfte nur 30 bis 40 Tage zur Proviantübernahme, für mögliche Reparaturen o. ä. im Hafen liegen.

Daß die »Paloma« dabei härter und schneller gesegelt werden müßte, um die gleiche Distanz in ca. 320 Tagen zu schaffen, für die die »Kairos« und andere gleich große Yachten 400 Segeltage benötigten, war eine weitere Überlegung ebenso wie die Tatsache,

Rechts: Während des nördlichen Winters segelte »Paloma« in der Tropenzone und kurzzeitig in südlicher (Freibord-)Sommerzone. Man beachte die Lage des meteorologischen Äquators zur südlichen Mittsommerzeit (am 21. Dezember) auf 23° S.

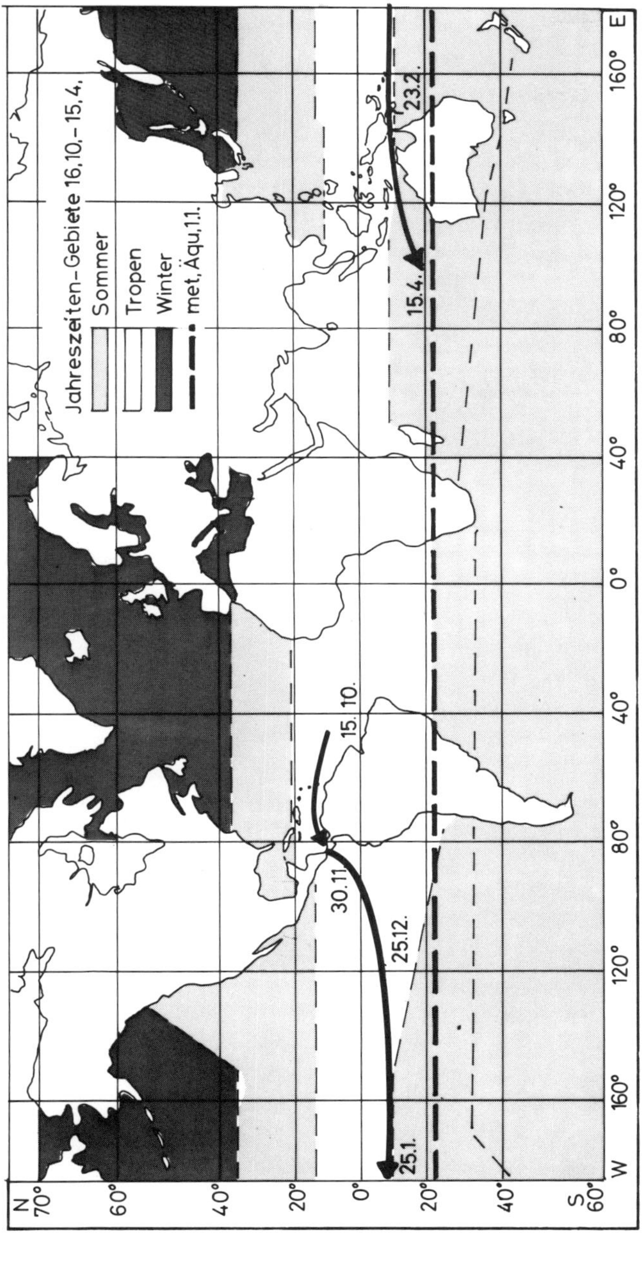
Jahreszeiten-Gebiete 16.10.–15.4.
Sommer
Tropen
Winter
met. Äqu. 1.1.
15. 10.
30.11.
25.12.
25.1.
23.2.
15.4.
N 70°
60°
40°
20°
0°
20°
40°
S 60°
W
160°
120°
80°
40°
0°
40°
80°
120°
160°
E

daß Jörgen Meyer einhand segelte und die Mehrzahl der übrigen Weltumseglungen in dieser Zeit mit einer mindestens zweiköpfigen Crew, also im Wachwechsel, stattfanden.

Der erste Stopp würde sich zwangsläufig durch das Passieren des Panamakanals ergeben, so daß die erste Etappe Elbmündung – Panamakanal über ca. 6000 sm in 60 Tagen vorgezeichnet war. Der nächste Stopp müßte nach dem Überqueren des Pazifiks in der Torresstraße liegen, wo sich Port Moresby auf Neuguinea oder Port Darwin in Nordaustralien als Proviant- und Poststationen anboten. Diese Distanz von ca. 9000 sm würde ca. 90 Segeltage erfordern. Der Weg über den Indischen Ozean ist bis nach Kapstadt dann ca. 7500 sm lang, und von dort bis nach Cuxhaven würden weitere mindestens 8000 sm zurückzulegen sein, insgesamt also ca. 30000 bis 31000 sm in ca. 310 bis 320 Segel- sowie 30 bis 40 Hafentagen.

Westindien erreicht man unter Segeln am besten im Dezember nach dem Ausklingen der Hurrikan-Saison, und durch den Panamakanal geht man am besten nach Beendigung der dortigen Regenzeit, im Januar, um den Monat Februar als günstigste Zeit für die Überquerung des Ostpazifiks zu benutzen. Die Torresstraße durchsegelt man am besten ab Mai, weil dann raume Winde vorherrschen; in den Monaten davor muß man gegen westliche Winde ankämpfen. Das Kap der Guten Hoffnung runden »vernünftige« Segler im Januar oder Februar, der Zeit des südlichen Sommers. Im Mai oder Juni, dem dortigen Spätherbst und Frühwinter, ist auch an dieser Wetterecke mit stürmischen Winden zu rechnen.

Aber wer in unseren heimischen Revieren im Sommer über die Nordsee oder gar nach Island segelt, wer am Fastnet-Rennen oder am Skagen-Rund teilnimmt, muß auch bei uns im Sommer mit stürmischen Winden rechnen; er muß seinem Boot vertrauen und auch mit härteren Bedingungen fertigwerden. Jörgen Meyer hatte daher nur zwischen allgemein bekanntem Unbill wie Regen in Panama, Gegenwind in der Torresstraße oder einem Sturmtief vor der Südspitze Afrikas und unbekannter, risikoreicher oder gefährlicher Wetterlage durch tropische Wirbelstürme abzuwägen. Er entschied sich, das Risiko der tropischen Wirbelstürme zu vermeiden, aber mit den bekannten, aus Seehandbüchern und Fahrtenberichten überlieferten Schwierigkeiten fertig zu werden.

»Die alten Windjammer-Kapitäne konnten sich ja auch nicht immer die besten Monate aussuchen«, war sein Argument, und so

entschied er sich: Deutschland ist im Spätsommer, noch vor den Herbststürmen zu verlassen. Nicht auf der kürzesten Route nach Panama segeln, sondern das Hurrikan-Gebiet des westlichen Mittelatlantiks zuerst östlich und dann südlich umsegeln. Auf dem Pazifik weitgehend dem geographischen Äquator folgen und dabei südlich der Hurrikan-Zone des nördlichen Sommers und der Nordhalbkugel sowie später nördlich der australischen Hurrikan-Gebiete während des Südsommers bleiben. Die Torresstraße gegebenenfalls gegen den vorherrschenden Westwind, aber in jedem Falle während der Nippzeit, d. h. unter günstigen Strombedingungen passieren. Anschließend weit entfernt von dem Hurrikan-Gebiet um Mauritius im Indischen Ozean mit zuerst südlichen, dann südwestlichen und schließlich westlichen Kursen zur Südspitze Afrikas segeln, um dort mögliche Stürme sicher und gegebenenfalls mit Zeitverlust durch Ablaufen, Ausweichen oder Beidrehen abzuwettern. Und schließlich mit der Sonne aus dem südlichen Herbst in den Sommer der Nordhalbkugel zurückkehren, ohne irgendein Hurrikan-Risiko im Südatlantik und im Nordatlantik.

Die Segelkurse in ihrem grundsätzlichen Verlauf steckt ein Yachtsegler nach den Erkenntnissen und Erfahrungen aus der Zeit der Segelschiffahrt ab, als der gesamte Weltverkehr für den Transport von Gütern und Personen nur mit Windkraft erfolgte. Die britische Admiralität hatte hierzu (ähnlich wie die Deutsche Seewarte) im 19. Jahrhundert ein Buch »Ocean Passages for the World« herausgegeben, das auch die Karte »The World Sailing Ship Routes« enthielt und 1950, hauptsächlich für die Zwecke der Hochsee-Sportsegelei, erstmalig nachgedruckt wurde. Diese Routenkarte zeigt die von den kürzesten Dampferverbindungen zwischen Häfen und Landmarken überraschend weit abweichenden Tracks der alten Windjammer, die den weitgehend konstanten Windrichtungen des planetarischen Windsystems z. B. in der »Passatzone« oder im »Westwindgürtel« mit raumen oder achterlichen Winden folgten. Dabei vermieden sie gleichzeitig Gegenstrom sowie Gegenwind und nutzten Schiebestrom oder stromfreie Zonen vorteilhaft aus. Sie legten dazu auf den ersten Blick eines Laien scheinbar unsinnige und weite Umwege zurück, die sie aber dennoch schneller als geradewegs ans Ziel brachten, und sie wählten sich dabei nur durch ihre geographische Länge und Breite gegebene, sich jahreszeitlich verändernde imaginäre Richtpunkte auf den Weltmeeren aus, wenn der Generalkurs grundlegend zu ändern war.

Der Sportsegler kann diesen Routen bei einer Atlantik-Überquerung auf der »Südroute« von Ost nach West gut folgen, denn hier segelten schon vor ihm Millionen Auswanderer auf dem gefahrlosesten Kurs über den »Großen Teich« von der alten in die neue Welt. Er kann auch auf dem Heimweg von Kapstadt nach Europa diese Segelschiffsroute benutzen, die in weitem Bogen und in einem Abstand von über 1000 sm von der afrikanischen

Tropische Wirbelstürme – gefährliche Zeiten und gefährdete Gebiete (1)

Tropische Wirbelstürme, werden sie nun (je nach ihrem Entstehungs- und Verbreitungsgebiet) Hurrikane, Typhone, Zyklone, Orkane oder Willy-Willies genannt, bedeuten mit ihren hohen, zerstörenden Windgeschwindigkeiten und ihrer mächtigen, oft vielfach durcheinanderlaufenden See eine Gefahr für die gesamte Schiffahrt, also auch für den Yachtsegler. Sie darf jedoch auch nicht überschätzt werden:

Wenn zum Beispiel auf den Rückseiten der britischen »Routeing Charts«, in den »Monatskarten« oder anderen Publikationen der Seewetterämter oder Hydrographischen Institute Statistiken veröffentlicht, Zugbahnen eingezeichnet oder gefährdete Gebiete umschrieben werden, dann wird damit dem Sicherheitsbedürfnis der Schiffahrt und letztlich auch den Sicherheitsforderungen der Reeder, Passagiere, Besatzungen, Verfrachter und anderer Gruppen Rechnung getragen, die ihr Eigentum über See schicken. Diese Kennzeichnung von hurrikan-gefährdeten Gebieten, weitflächig auf Erdkarten oder über einen zeitlich langen Bereich des Jahres verzeichnet, bedeutet jedoch nicht, daß dort überall und immer Hurrikane oder andere tropische Wirbelstürme wüten können oder wüten werden. Wie ein Hinweisschild an der Straße »Bei Nässe Rutschgefahr« oder »Gefährliche Kurve« nicht bedeutet, daß die Fahrbahn jedes Fahrzeug bei jeder Nässe und jeder Geschwindigkeit zum Rutschen bringen wird oder jedem Fahrer am Lenkrad bei einer Kurvenfahrt der mögliche Weg ins Krankenhaus gezeigt wird, unabhängig von Geschwindigkeit und Fahrstil, so muß auch eine Hurrikan-Warnung innerhalb eines gefährdeten Gebietes und natürlich mit zeitlicher und örtlicher Begrenzung gesehen werden.

Oder anders: Würden wir auf der Straße oder an der Autobahn jeden Punkt markieren, an dem es zu Zusammenstößen oder tödlichen Verkehrsunfällen gekommen ist, dann würde sicher niemand den Mut haben, diese so gekennzeichneten gefährlichen Fahrbahnen zu benutzen. Ähnlich ist es bei den Zugbahnen der Hurrikane oder in den Revieren, die alle jene Gebiete umfassen, in denen in einem Menschenalter Wirbelstürme beobachtet wurden: Sie sollen in dieser Zusammenfassung warnen und aufmerksam machen, aber nicht vorbehaltlos als Sperre dienen.

und der südeuropäischen Küste mitten durch den Süd- und Nordatlantik führt, ehe sie sich, halbwegs auf Amerika zu, auf einem angenäherten West-Ost-Kurs weit nördlich der Azoren im Golfstrom wieder zum Kanal wendet.

Im Pazifik, einer schier endlosen Wasserwüste, gibt es keine Segelschiffsroute vom Panamakanal zur Nordküste Australiens: Der erst 1914, viele Jahrzehnte nach dem Ende der Segelschiffszeit eröffnete Kanal war niemals ein Knotenpunkt für den Personen- oder Güterverkehr mit Windkraft, und das westpazifische Gebiet mit Neuguinea und Nordaustralien war niemals Ausgang und Ziel von Segelschiffsreisen für den Import- und Export-Verkehr. Diese »Seestraße der Sehnsucht« durch die Südsee haben Yachtsegler nur auf ihren Traumreisen entdeckt und befahren; hier gibt es noch keine gültigen, aussagekräftigen, der Fahrtenplanung unter größtmöglichen Sicherheitsanforderungen dienende nautische Empfehlungen.

Auch die Durchfahrten durch die Torresstraße und die Arafura-See sind seglerisches Neuland, wenn es in den Indischen Ozean geht. Der Zugang zu den Gewürzinseln und später die Fahrt der Teeklipper nach China sowie ihre Rückreise und der Ausgang aus Indonesien erfolgten hauptsächlich durch die Sunda- und Bali-Straße, und der Blauwassersegler erreicht diese Route nur, wenn er zu den Christmas Islands oder Cocos Islands zuerst nach Westen weitersegelt, ehe er (meistens noch über Mauritius) nach Kapstadt weiterläuft. Auch hier mußte bei einer schnellen Überquerung des Indischen Ozeans ohne Inselstopp ein neuer Kurs gesucht werden.

Jörgen Meyer folgte mit der »Paloma« den bekannten Kursen von Kapstadt nach Cuxhaven und von der Elbmündung nach Panama, jedoch ohne sonst übliche Zwischenstopps. Er segelte durch die Südsee so schnell wie niemand vor ihm, bewältigte das Seegebiet nördlich Australien zu einer ungünstigen Jahreszeit und fädelte sich im Indischen Ozean erst spät in die Route der Teeklipper nach Europa via Kapstadt ein. Insgesamt eine sehr sorgfältige, äußerst kluge und erstaunlich sinnvolle Planung mit dem wichtigsten Merkmal: Er hielt Zeit und Kurse exakt ein. Wenn diese Weltumseglung ohne Havarie, ohne Risiko, ohne Verzögerung und wie ein unendlich schöner langer Urlaub mit 1000 Stunden Freizeit auf blauem Wasser ablief, dann liegt hierin wohl die größte sportliche und die wertvollste menschliche Leistung.

Tropische Wirbelstürme – gefährliche Zeiten und gefährdete Gebiete (2)

Durch diese distanziertere Betrachtung der Hurrikangefahr soll niemand leichtsinnig verleitet werden, während der Hurrikanzeit durch diese gefährdeten Gebiete geradewegs hindurchzusegeln. Aber auch ein vorsichtiger Segler soll darauf aufmerksam gemacht werden, daß er seemännisch sicher ein Randgebiet der Hurrikanzone selbst in der Hurrikanzeit befahren kann oder daß, wenn er von diesem Randgebiet einen Sicherheitsabstand von 100 oder mehr Seemeilen hält (immerhin eine Distanz von Hamburg nach Hannover oder von Frankfurt nach München), keine größere Gefahr für sein Boot besteht als sie das Weltmeer mit normaler Sturmstärke (für die er ja präpariert ist) immer bietet. Jörgen Meyers Reise war somit eine sorgfältig kalkulierte Fahrt.

Tropische Wirbelstürme entstehen niemals über Land, sondern immer nur über See. Sie benötigen eine Wassertemperatur von mindestens 27° C oder 80° Fahrenheit in dem Seegebiet, wo sie erfahrungsgemäß entstehen, und dazu noch eine hohe Luftfeuchtigkeit. Die entsprechenden Karten der Klimaatlanten grenzen dadurch das gefährliche Gebiet schon deutlich ab, und mit seinem Bord-Wasserthermometer kann der Segler selbst feststellen, ob und wann er sich einem Hurrikan-Gebiet nähert.

Außerdem beeinflussen die Erddrehung und die Corioliskraft die Geburt, die Zugbahn und letztlich den zerstörenden Bereich eines tropischen Wirbelsturmes. Diese Geburtsbedingungen treten nur in den Westteilen der Ozeane (des Nordatlantiks, des Pazifiks und des Indischen Ozeans) auf, wobei die Wirbelstürme geringerer Stärke an der Pazifikküste Mittelamerikas gleichsam als Übergriffe der atlantischen Hurrikan-Bedingungen über die schmale Landbrücke gelten müssen. Sinngemäßes gilt für das begrenzte Hurrikangebiet an der Nordwestküste Australiens.

Wirbelstürme entstehen nur im Sommer, d. h. auf der Südhalbkugel zwischen Dezember und April, auf der Nordhalbkugel zwischen Mai und Oktober, auch hier mit der Ausnahme, daß das von Yachtseglern nicht befahrene Gebiet im Ostteil des Nordpazifiks fast ganzjährig von Taifunen heimgesucht werden kann. Weiter können tropische Wirbelstürme nicht am Äquator oder in seiner Nähe entstehen, sondern nur in einem Gebiet zwischen ca. 5° N oder S und ca. 20° N oder S unter vorgenannten Bedingungen.

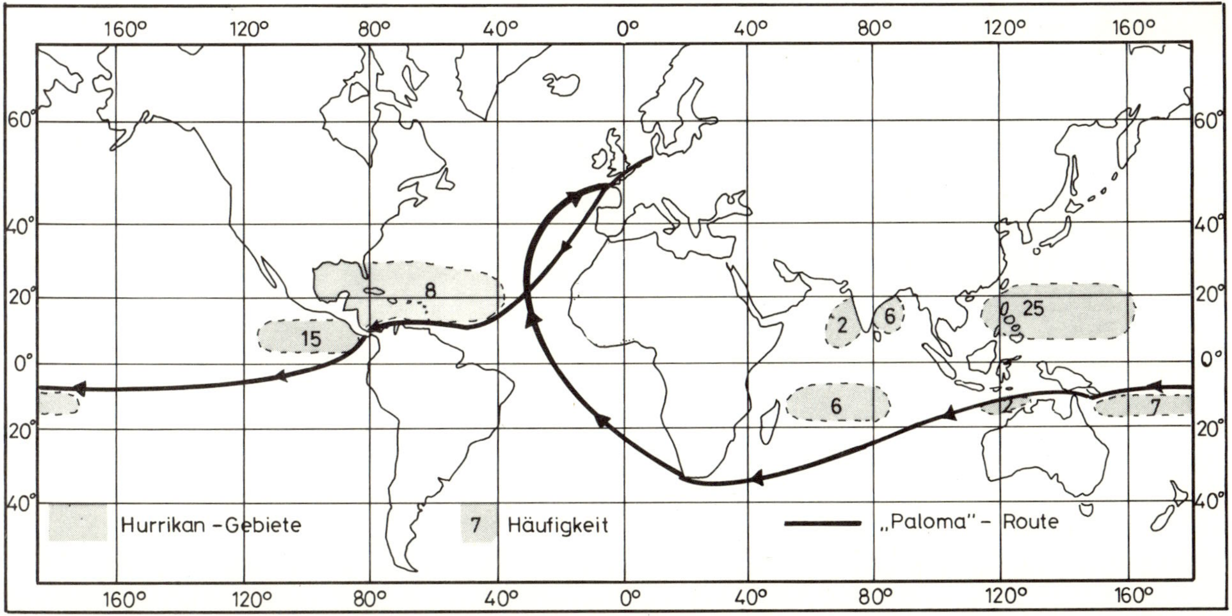

Hurrikan -Gebiete
7 Häufigkeit
„Paloma" - Route

Tropische Wirbelstürme – gefährliche Zeiten und gefährdete Gebiete (3)

Die Karte zeigt diese Hurrikangebiete in ihren Ausdehnungen und (mit einer entsprechenden Ziffer) die Anzahl der Wirbelstürme, die in diesem Gebiet durchschnittlich jährlich auftreten können. Die Route von Jörgen Meyer, die über diese Karte gelegt ist, zeigt die vorsichtige Kurswahl. Sie wird noch deutlicher, wenn man beachtet, daß eine scheinbare Berührung dieser Gebiete tatsächlich nicht stattfindet, weil diese zu einer Jahreszeit erfolgt, in der durch den dann herrschenden Winter der betreffenden Hemisphäre die atmosphärischen Bedingungen zum Entstehen eines Wirbelsturmes gar nicht mehr oder noch gar nicht gegeben waren.

Die Hurrikanzeit im Westatlantik (jährlich 8 tropische Wirbelstürme) war beendet, als Meyer das Seegebiet südlich passierte. Auch die Hurrikansaison im Ostpazifik (mit jährlich 15 Wirbelstürmen) war vorüber, als »Paloma« dieses Gebiet umsegelte. Meyer hielt sich dann nördlich der australischen Wirbelsturmzonen (jährlich 7 bzw. 2 Gefahren) und lief weit im Süden am Bereich der Mauritius-Orkane vorbei (mit 6 möglichen Wirbelstürmen), als er den Indischen Ozean überquerte. Der weitere Kurs führte dann durch die ganzjährig hurrikanfreien Gebiete des Südatlantiks und des Ostteils des Nordatlantiks.

Mit anderen Worten: Man muß nicht – wie viele Globetrotter unter Segeln um den Globus zur Motivation ihrer mehrjährigen Traumreise durch die Südsee erklären – über 3 Jahre unterwegs sein, um diese Distanz mit ausreichender Sicherheit vor Hurrikanen oder Orkanen zu schaffen, sondern man kann den Erdball auch in knapp einem Jahr umsegeln, ohne dabei mit Wirbelstürmen in Berührung zu kommen. Auch eine solche kürzere Fahrt ist nicht risikoreicher oder baut über Gebühr und mehr auf das Glück auf, das auch andere Weltumsegler für ihre Fahrt brauchen. Riskant ist nun einmal jede Fahrt, die man mit einem kleinen Segelboot unternimmt – nicht nur eine Blauwasserfahrt. Und das Risiko für einen Menschen, der sich den schwankenden Planken eines Sportfahrzeuges unter eigener Verantwortung anvertraut, beginnt letztlich mit dem Ablegen am Steg oder dem Verlassen der Molenköpfe. Hier und in Küstennähe sind nachweislich mehr Menschen ertrunken als bei Transozeanfahrten, Leichtsinnige wie Erfahrene gleichermaßen.

Nonstop von Brunsbüttel nach Panama – eine Rekordleistung

Mit Ostwind durch die Nordsee und den Ärmelkanal

Nach einer telefonischen Wetterberatung durch das Seewetteramt in Hamburg wirft Jörgen Meyer am 8. September 1971 um 20.15 Uhr in der Brunsbütteler Schleuse die Leinen los und läuft zuerst bei flauem, umlaufendem Wind unter Motor aus der Elbmündung hinaus, ehe er bei Ost 3–4 Großsegel und Fock I zur Nachtfahrt setzt – nicht die Genua, die die Sicht behindert hätte. Der Elbstrom trägt ihn schnell weiter in die Nordsee. Meyer hält sich nördlich des Dampfertracks und passiert am 9. 9. um 04.35 Uhr Feuerschiff Elbe 1. Die Windfahnen-Selbststeuerung bewährt sich. Er kann in Etappen schlafen und hat bereits um 06.00 Uhr Helgoland querab.

Der diensthabende Hamburger Meteorologe hatte für die folgenden Tage Ostwinde vorausgesagt und Meyer empfohlen, keine Zeit zu verlieren, bevor wieder die übliche Westwind-Wetterlage herrschen würde. Also segelt Meyer weiter und genießt am Morgen das faszinierende Bild der zahlreichen Schiffe, die südlich seines Kurses in beiden Richtungen vorbeiziehen. Um 11.00 Uhr führt er das letzte Seefunkgespräch mit seiner Familie und meldet sich dann mit einer TR-Meldung bei Norddeich Radio ab – die Heimat ist nun endgültig verlassen. Schon um 20.00 Uhr, nach nur einem vollen Segeltag, liegt das Leuchtfeuer Schiermonnikoog genau rechtweisend Süd. Die »Paloma« segelt schnell und nach Plan – wird es 350 Tage so bleiben können?

Die Nordsee und der Ärmelkanal sind keine empfehlenswerten Reviere für Einhandsegler. Aber wir können letztlich nichts dafür,

Seglerwissen – leicht gemacht

TR-Meldung

»TR« bedeutet »Travel Report« und heißt »Reiseweg-Angabe«. Sie wird im Seefunkdienst mit Sprechfunk einer deutschen Küstenfunkstelle übermittelt, wenn das Boot in ihren Verkehrsbereich gelangt bzw. diesen verläßt. Auch beim Aus- oder Einlaufen verlangt man die TR-Meldung einer Seefunkstelle. Wer außerhalb der heimischen Gewässer segelt, sollte auch ausländischen Küstenfunkstellen TR-Meldungen übermitteln. Dies erfolgt ganz zwangsläufig, wenn man über ausländische Küstenfunkstellen Seefunkgespräche anmeldet oder abwickelt.

daß Langreisen unserer Blauwassersegler, die notgedrungen im nassen Dreieck zwischen Borkum oder Sylt und der Elbmündung beginnen müssen, nun einmal durch dieses von der Berufsschifffahrt so stark befahrene Gebiet führen. Doch bei guter Sicht kann auch ein Einhandsegler mit seinem Boot den Schiffahrtstracks aus dem Wege gehen und selbst beim vierbahnigen Verkehr durch die Straße von Dover immer noch näher unter der Küste der einen oder anderen Seite bleiben und damit ausreichenden Sicherheitsabstand zum Ufer bzw. zu den Schiffahrtsrouten halten.

Die Flagge »Delta« an der Saling zeigt dabei anderen Fahrzeugen an, daß hier ein Einhandsegler mit den Schwierigkeiten einer Einmanncrew daherkommt. Zusätzlich zum Radarreflektor, einem passiven Sicherheitsgerät, hat die »Paloma« noch einen Radardetektor an Bord, der Jörgen Meyer akustisch auf eine Radarortung eines größeren Schiffes hinweist und auch die ungefähre Richtung anzeigt, aus der die Radarstrahlen kommen. Die größte Gefahr, wenn ein Mann allein mehrere Tage lang nahezu rund um die Uhr auf dem Posten sein muß, versucht eine mit einer starken Autohupe ausgerüstete Alarmanlage zu beseitigen, die je nach Lage wie ein Wecker eingestellt werden kann und den Skipper alle halbe oder volle Stunde purrt, damit er Ausguck halten oder die Selbststeueranlage für einen neuen Kurs trimmen kann. Letztlich und schließlich sorgen auch die Seglerlichter rot über grün am Mast dafür, daß das Wegerecht der »Paloma« von Maschinenfahrzeugen beachtet wird.

Jörgen Meyer hat sich die Nippzeit für den Kanaldurchgang ausgewählt, mit geringen Gezeitenströmungen in beiden Richtungen, die bei einer Ostwindwetterlage gut auszusegeln sind, auch wenn Gegenstrom herrscht. Mit Hilfe des »Atlas der Gezeitenströme« und den Meridiandurchgängen des Mondes durch Greenwich versucht er, den Strom zusätzlich zum Wind mit als Zugtier einzuspannen – mit Erfolg: Schon am 10. September 1971 um 21.00 Uhr, also nach nur 48 Segelstunden, erreicht er die Gleichtakttonne »Maas Noord« vor Hoek van Holland, weitere 24 Stunden später, am Sonnabend, dem 11. September, passiert er um 20.15 Uhr South Goodwin Feuerschiff unmittelbar vor Dover. Am Abend des folgenden Tages ist die Isle of Wight bereits lange passiert; in weitem Abstand von der Küste liegt Torquay nach 96 Segelstunden an Steuerbord querab.

Die Navigation erfolgt in diesen Tagen durch Consol und mit Funkpeiler, kontrolliert durch terrestrische Ortsbestimmung, wenn immer es möglich ist. Ein neues norwegisches Empfangsgerät, das Consolzeichen automatisch zählt und optisch anzeigt, bewährt sich. Auch das Echolot mit einer Reichweite bis 120 m Wassertiefe wird zur Kontrolle des Schiffsortes benutzt. Ushant, die französische Insel Quessant, wird außerhalb optischer Sichtweite passiert. Hier bündelt sich der Nord-Süd-Schiffsverkehr, und es herrschen starke Gezeitenströme – zwei Gründe, warum man mit einer Yacht besser weiten Abstand hält.

Bis zu dieser westlichsten Insel vor der Bretagne ist »Paloma« bei Nordostwinden von 3–4 schnell und zügig gelaufen. Nach 144 Stunden oder 6 Segeltagen kann sich Jörgen Meyer über die Küstenfunkstelle Brest von Europa verabschieden. 695 Seemeilen liegen seit Brunsbüttel hinter der »Paloma«. Sie hat sie in einer wahren Rekordzeit geschafft, mit einer Durchschnittsgeschwindigkeit von 4,8 kn und einem Durchschnittsetmal von 116 sm – und dann noch gebremst durch Zwangskurse und Gegenstrom. Als Jörgen Meyer jetzt die Schoten freigibt, läuft die »Paloma« bei Sonnenschein und einer Vollzeugbrise aus Nordost mit 5 kn Fahrt in den Atlantik hinaus – das Blauwassersegeln beginnt.

Erinnern wir uns: Als Ludwig Schlimbach 1937 zu seiner Einhand-Atlantik-Überquerung startete, die den deutschen Seglern als Beispiel dienen sollte, legte er diese gefährliche Strecke von der Elbmündung bis zum Kanalausgang mit seiner »Störtebeker

Nautische Tips für Blauwassersegler

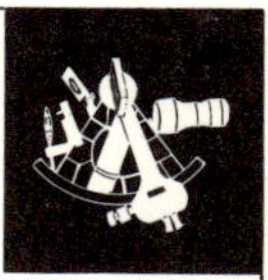

Tip 1:

Die schwierigste Strecke für deutsche Blauwassersegler ist die Fahrt von der deutschen Nordseeküste zum Ärmelkanal und durch diesen hindurch von der Dover-Enge bis zum westlichen Kanalausgang. Es empfiehlt sich, diese Fahrt bei einer Ostwind-Lage anzutreten und den Kanal zur Nippzeit zu durchfahren, weil dann die Gezeitenströme in beiden Richtungen geringere Geschwindigkeiten haben. Auslaufend wird man die Planung so einrichten können, daß der Kanal bei Halbmond (zu- bzw. abnehmender Mond, erstes bzw. letztes Viertel) durchsegelt wird; die Windrichtung wird man sich dabei nicht immer auswählen können. Dieser Tip gilt auch zum Durchsegeln anderer Engen, z. B. der Torresstraße nördlich Australiens oder zwischen Staten Island und Feuerland an der Südspitze Südamerikas.

Tip 2:

Küstenfahrt von Einhandseglern ist besonders bei Nacht empfehlenswert, weil Leuchtfeuer im allgemeinen besser und weiter zu erkennen sind als Landmarken bei Tage, insbesondere bei diesigem Wetter. Terrestrische Navigation in Küstennähe ist auch einfacher und sicherer als Funknavigation mit Objekten, die weiter entfernt liegen oder überlandig nur mit Fehlerquellen zu verwerten sind. Dazu muß man die Kennungen der Leuchtfeuer, die man zur Kurs- und Ortsbestimmung auswählt, auswendig lernen; da man aber die außer Sicht kommenden und achteraus liegenden vergessen kann, wird die Zahl der Feuer, die das Gedächtnis belasten, mit maximal drei bis fünf nur gering bleiben.

Tip 3:

Einhandsegler setzen die Flagge »Delta« des internationalen Signalbuches, gelb-blau-gelb liegend, an der Saling mit der Bedeutung: »Halten Sie frei von mir, ich manövriere unter Schwierigkeiten.« Sie gewinnen dadurch kein Wegerecht, wenn Sie es nicht ohnehin besitzen, aber können (vielleicht!) auf besondere Rücksichtnahme durch die Berufsschiffahrt rechnen.

III« an Deck eines Frachters zurück und verließ Europa auf eigenem Kiel erst in Lissabon. Ein Einhandsegler sei bei dieser Ausreise überfordert, meinte er damals, und man würde den Kanalausgang auch ohne Halt nicht in weniger als 14 Tagen schaffen.*

Auch Hein Garbers, der 1938 in der »Windspiel III« einhand den Atlantik überquerte, machte auf dem Wege von der Elbmündung bis Lands End in Dover und Falmouth Station und war genau einen Monat von Cuxhaven (Abfahrt 22. Mai 1938) unterwegs, ehe er am 22. Juni die Küste Cornwalls endgültig zu seiner Blauwasserfahrt hinter sich ließ. So stark ist der Segler (nicht nur mit Hilfe der Technik) drei Jahrzehnte nach diesen Pionieren geworden. So zügig kann er um 1970 seine Ziele verfolgen, wenn er so sorgfältig plant und so seemännisch sicher segelt wie Jörgen Meyer auf der »Paloma«. Er hat diese Reise von Anfang an nicht als etwas Besonderes gesehen und werten lassen wollen. Wir sollten die Fahrt aber auch nicht als eine simple und selbstverständliche Reise abtun.

Die »Paloma« auf Windjammerkurs vom Ausgang des Ärmelkanals nach Westindien

Diese Weltumseglung von Jörgen Meyer in einem kleinen 10-m-Seekreuzer, die als die schnellste auf der Passatroute in die Seglergeschichte eingehen wird, ist durch zwei Merkmale gekennzeichnet: Einmal ist es die völlige Identifizierung der »Paloma« mit einem Windjammer, der eine über 100fach größere Verdrängung hat. Zum anderen ist es das wochenlange normale Bordleben eines einzigen Seglers, der mit sich allein so viel Kurzweil hat wie eine 100köpfige Segelschiffscrew, der mit der viel kleineren Umwelt an Deck und in der Kajüte harmonisch verbunden ist und der sich auch als Einhandsegler Arbeiten und Freizeit teilt, als würde die Bordroutine über die langen Fahrtenwochen von zwei oder gar drei Wachen bewältigt.

Jörgen Meyer bekennt schon bald in seinem Logbuch, daß sein Vertrauen in die guten Eigenschaften seines Bootes unendlich groß ist und er auch aus diesem Grunde bei der geplanten Umrun-

---

* Diese Reise ist im Band 1 der Reihe »Blauwassersegler« unter dem Titel »Schlimbach erobert den Atlantik« ausführlich beschrieben.

Nautische Tips für Blauwassersegler

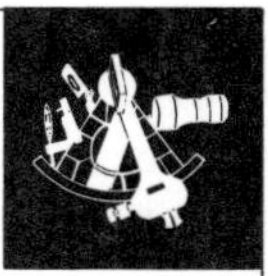

Tip 4:

Industrie und Handel liefern Radardetektoren, die ein akustisches Signal geben, wenn das Fahrzeug von den Radarstrahlen eines anderen Schiffes erreicht wird. Der Radardetektor zeigt auch die ungefähre Richtung an, aus der die Radarstrahlen kommen, und leistet daher besonders bei Nebel und diesigem Wetter gute Dienste. Man weiß dann, in welcher Richtung man besonders sorgfältig Ausguck halten kann, um gegebenenfalls für ein Manöver des letzten Augenblicks bereit zu sein.

Tip 5:

Das Seglerlicht rot über grün am Mast in der Nähe des Topps sollte nur bei Bedarf eingeschaltet werden, um ein Boot als Segelfahrzeug zu kennzeichnen. Beide Laternen verbrauchen Strom, und ihre Sichtweite ist ohnehin begrenzt. Die Wirkung dieses zusätzlichen Lichtsignals beruht meistens darauf, daß man es in der von einem Berufsfahrzeug meistens unerwarteten Höhe erst bei tatsächlicher optischer Annäherung zeigt. Der Schalter hierzu sollte im Cockpit liegen. Eine griffbereite Signalpistole für alle Fälle oder ein Scheinwerfer, der das Segel anstrahlen kann, sind wichtige Bestandteile zur nächtlichen Sicherheitsausrüstung, insbesondere in der Nähe eines Dampfertracks oder solcher Knotenpunkten wie der Dover-Enge oder den Zugängen zum Panamakanal.

Tip 6:

Navigation mit Consol ist auf Yachten besonders einfach, weil man nicht mit dem Peilrahmen arbeiten muß, sondern die Richtung zum Funkfeuer nur durch Zählen von Strichen und Punkten (einer akustischen Punkt- und Strich-Kennung) mit einem Rundfunkgerät erkennen kann. Industrie und Handel liefern darüber hinaus ein norwegisches Consol-Funkfeuer-Empfangsgerät, das die Consolzeichen automatisch zählt, sogar die fehlenden Zeichen durch einen eingebauten Computer ergänzt und damit die Richtung des Peilstrahls direkt anzeigt.

dung des Globus nur wenige Häfen vorgesehen hat. »Paloma« ist ein steifes Boot und schneidet weich in die See ein, wenn sie im Seegang kreuzen muß. Sie ist ein kursstabiles Boot und hält auch bei hoher achterlicher See sicher den Weg ein, der ihr durch Segeltrimm und Selbststeueranlage vorgeschrieben ist.

In der Tat führt der Skipper sie kühn auf dem alten Windjammerkurs vom Ärmelkanal bis nach Westindien und durch die Karibische See hindurch bis zum Panamakanal nicht nur ohne Aufenthalt, sondern auch auf dem bestmöglichen, aus der Erfahrung der Windjammer-Kapitäne geborenen Weg von über 6000 sm oder fast 11000 Kilometern, fernab aller jener Häfen, die von den anderen Sportseglern als Etappenorte gewählt werden. Wo andere Blauwassersegler nach dem Sprung über die nicht ungefährliche Biskaya erst einmal ausruhen, vor der Weiterfahrt nach den Kanarischen Inseln noch einmal Proviant und Wasser übernehmen oder auf dem Wege über den Großen Teich sicherheitshalber noch einmal einen Zwischenstopp auf den Kapverdischen Inseln einlegen, steuert die »Paloma« nur imaginäre Kursmarken an, die sich aus den »World Sailing Ships Routes« ergeben und fernab von Häfen und Küsten liegen, nur durch ihre geographische Position bekannt.

Diese erste Kursmarke »Punkt A« liegt auf ca. 32° N und zwischen 25 und 30° W und soll nach einem Südwestkurs vom Ärmelkanal halbwegs zwischen Madeira und den Azoren hindurch erreicht werden.

In der ersten Nacht nach dem Verlassen des Ärmelkanals bläst es zunächst stärker. Jörgen Meyer nimmt den Spinnakerbaum für die Genua weg und wechselt diese gegen die Fock I aus. Schließlich dreht er noch 4 Reffs ins Großsegel. Am neuen Morgen setzt er wieder die Genua, aber läßt das Großsegel gerefft. Es ist der erste Tag auf blauem Wasser. Die Wassertiefe beträgt jetzt über 3000 m. Am Vormittag und Mittag schießt er die Sonne und berechnet seinen Standort nach H. O. 249. Im Logbuch heißt es:

»Ein Schleppangel-Fischer aus der Biskaya passiert mich in geringem Abstand. An einem komplizierten großen Gestell hängen etwa ein Dutzend Angelschnüre aus. Die Leute staunen wohl, daß meine Ruderpinne nicht besetzt ist. Sie winken mir sehr lange zu.

Jetzt bin ich eine Woche lang unterwegs und habe mit dem Wetter mehr Glück gehabt, als ich zu hoffen wagte. Nun aber

Seglerwissen – leicht gemacht

Blauwassersegeln

Als Jörgen Meyer nach dem Verlassen der heimischen Gewässer westlich vom Ärmelkanal stand, schrieb er in sein Logbuch: »Dieser neue Tag war für mich der erste ohne einen Hafen in der Nähe. Ich kam nun in Gebiete mit 3000 bis 4000 m Wassertiefe, also echtes Blauwassersegeln.«

Blaues Wasser – ein Begriff für die Tiefsee weit vor dem Schelfgürtel der Kontinente, für die »hohe« See fernab des nächsten Hafens, für das »freie Meer« (juristisch das »mare librum«), die Seegebiete außerhalb der Hoheitsgrenzen eines Küstenstaates.

Dieses freie, weite, tiefe Meer hat blaues Wasser, weil blaues Licht als das Licht mit der kürzeren Wellenlänge mehr gestreut wird als ein Licht größerer Wellenlänge. Blau ist im Wasser und in der Luft die Farbe der Unendlichkeit und Reinheit: keine Zusätze und keine Rückstände, weder Staub noch Plankton, Sink- oder Farbstoffe, Sedimente oder anderes sind im »blauen Wasser«.

Nur sehr tiefes Wasser hat tiefblaue Farbe, die in einigen Meeresströmungen sogar so dunkel werden kann, daß man sie als »schwarz« bezeichnet – im Kuroshio beispielsweise, dem »Schwarzen Strom« entlang der japanischen Küste.

Im Gegensatz zum »blauen Wasser« der Tiefsee sieht das flachere Wasser in den Randmeeren der Ozeane, z. B. in der Ost- und Nordsee, meistens grün aus: Diese Färbung wird durch gelbe Farbstoffe verursacht, die sich mit blauem Wasser mischen. Mikroskopisch kleine Pflanzen, das Phytoplankton, sind Quellen dieser Farbpartikelchen.

Je weiter man in Küstennähe kommt, desto mehr verändern Schlick und andere Sedimente, die von den Flüssen ins Meer geleitet werden, das Meerwasser in tiefbraune oder hellgraue Farbe, einen schmutzigen Farbton im Vergleich mit dem glasklaren, tiefblauen und sauberen Wasser der freien See.

Segler haben diesen Begriff des »Blauwassersegelns« schon seit einem halben Jahrhundert mit dem Inbegriff des sportlichen und abenteuerlichen Hochseesegelns, mit Höchstleistungen und Erstleistungen verbunden, seitdem erstmals 1923 die »Blue Water Medal« als die ehrenvollste Auszeichnung für Hochseesegler vom Cruising Club of America verliehen wurde. Mit ihr sind seitdem über 50 Blauwassersegler aus acht Ländern ausgezeichnet worden.

verstärkt sich der Nordost auf 6–7 Bft. Um 04.00 Uhr berge ich die Genua, weil eine Naht im Segel etwas aufgegangen ist. Um 06.00 Uhr zeigt mein Windmesser 8 Bft. Dazu hat sich ein unangenehmer Seegang aufgebaut. Zu den vorhandenen 4 Reffs im Großsegel drehe ich 4 weitere ein, so daß die Segelnummer G 716 gerade noch frei ist.

Mein Barograph hat seit 4 Tagen eine fast horizontale Linie zwischen 1022 mb und 1024 mb geschrieben. Jetzt beginnt der Luftdruck zu fallen. Vorsichtshalber steuere ich jetzt einen etwas südlicheren Kurs, um in Lee der spanischen Küste zu kommen und um gleichzeitig die Seen besser anschneiden zu können.«

Am nächsten Tag ist die halbe Distanz durch die Biskaya bewältigt. Die Plicht ist ein nasser Platz geworden, aber über Nacht läßt der Wind nach und flaut am Morgen auf SE 3–4, Seegang 3, Dünung 4–5 ab. Das Großsegel kann ausgerefft werden, und die inzwischen reparierte Genua wird wieder gesetzt. Zur Abwechslung dümpelt »Paloma« dann nachmittags ohne Segel in einer Flaute mit unangenehmer Dünung bei fallendem Luftdruck. Unter gerefftem Großsegel und Fock I geht es in die Nacht hinein. Der Wind weht jetzt aus NW mit 5–6, in Böen 7 Bft. Am nächsten Morgen steht »Paloma« ca. 120 sm westlich von Kap Finisterre. Der englische Wetterbericht meldet den Durchzug eines Tiefs durch dieses Seegebiet. Es herrscht Segleralltag mit wechselnden Windstärken, Einreffen und Ausreffen des Großsegels, Bergen und Wechseln der Vorsegel.

Am 18. September geht Jörgen Meyer von mitteleuropäischer Zeit (MEZ) auf Zonenzeit (ZZ) über: Die Borduhr wird um 2 Stunden zurückgestellt. Der Meridian 15° W bestimmt nun den Tageslauf an Bord. In Zukunft wird die Borduhr nach je 15 Längengraden um eine weitere Stunde zurückgestellt. So wird auf Kursen von Ost nach West auch das Etmal täglich entsprechend länger. Bis zum Panamakanal kann die »Paloma« über 6 Stunden einsparen. Nach dem Passieren der Datumsgrenze, wenn der Pazifik fast durchsegelt ist, kann im Logbuch ein voller Tag ausgelassen werden. Neben der Borduhr, die Zonenzeit für den Tageslauf anzeigt, bleibt die VDO-Quarzuhr, mit nahezu konstantem Gang, weiterhin auf Greenwichzeit stehen.

»Im übrigen versorgt mich die ›Deutsche Welle‹ mit Nachrichten aus Deutschland«, heißt es im Logbuch. »Hier werden jetzt 10° Lufttemperatur gemeldet. Ich messe schon an Deck 30° C, in

Seglerwissen – leicht gemacht

H. O. 249

Wie andere Blauwassersegler schrieb auch Götz Schreiber einfach in sein Logbuch: »Am Vormittag und Mittag schoß ich die Sonne und berechnete meinen Standort nach H. O. 249« Dabei strandet manchmal auch ein Fachmann, wenn man ihn fragt: Was bedeutet diese Beziechnung denn exakt?

»H. O.« ist die Abkürzung für »Hydrographic Office, US Navy«, jetzt »US Oceanographic Office«, und die Ziffer gibt die Nummer der Publikation dieser amerikanischen Behörde an, die unserem »Deutschen Hydrographischen Institut« in Hamburg vergleichbar ist. H. O. (No.) 249 ist dementsprechend die übliche abgekürzte Bezeichnung für »Tables of Computed Altitude and Azimuth«, eine in der Schiffahrt der ganzen Welt benutzte, vom Hydrographischen Büro der USA herausgegebene Sammlung von vorausberechneten Höhen und Azimuten von Gestirnen, z. B. Sonne, Planeten und Fixsterne. Diese »Tafel 249« wurde ursprünglich für die Luftfahrt entwickelt, um das zeitraubende (logarithmische) Ausrechnen von Standlinien nach den gemessenen Höhenwinkeln der Gestirne erheblich zu vereinfachen und zu beschleunigen, insbesondere für den Gebrauch in Flugzeugen, wo weder Raum noch Zeit in gleicher Weise zur Verfügung standen wie an Bord eines mit ungefährlich langsamer Fahrt dahinkriechenden Motor- oder Segelschiffes. Auch in Großbritannien sind ähnliche Tafeln unter der Bezeichnung A. P. 3270 veröffentlicht worden, mit ebenfalls 3 Bänden, von denen der Band 1 die wichtigsten Gestirne und die Bände 2 und 3 spezielle Gestirne mit Deklinationen zwischen 0 und 30° enthalten.

Mit den H.O.-Tafeln hat die astronomische Navigation für Blauwassersegler ihre Schrecken sowohl hinsichtlich des Zeitaufwandes wie der Fehlerhaftigkeit verloren – aber es bleibt der Zwang, mit einem guten Sextanten die Höhe eines Gestirns über der Kimm auch auf dem schwankenden Untergrund von Deck oder Plicht eines Seekreuzers sicher zu messen.

Im allgemeinen bestimmt der Hochseesegler unserer Tage seinen Schiffsort viel öfter als ein Blauwassersegler vor 40 Jahren, und er hat es mit Rundfunkgeräten, Zeitzeichen und elektronischen Hilfsmitteln auch wesentlich leichter, sicher und genau, einfach und schnell zu navigieren.

der Kajüte noch viel mehr – mein Log zeigt oft 6 kn an, und dabei bahnt sich ›Paloma‹ relativ ruhig ihren Weg. Weiter geht es in südwestlicher Richtung. Der Wind bläst am 20. 9. aus SE mit 4–5 Bft. So kann ich mittags gut kochen. Es gibt Kartoffeln aus eigenem Garten, im Cockpit geschält, als Salzkartoffeln, dazu geschmorte Zwiebeln, von mir gepflanzt, mit der letzten frischen Gurke, und Wurststücken (die Wurst mußte gegessen werden). Zum Nachtisch Ananas-Konserven.« Von Quessant ist »Paloma« an diesem Tage 1176 sm entfernt.

In der Nacht vom 23. zum 24. September 1971 übersegelt »Paloma« die Verbindungslinie zwischen den Azoren und Madeira, deren Flugfunkfeuer gepeilt werden, obwohl es in dieser Zeit gerade ziemlich ungemütlich an Bord ist: »Südost 7, 7 Reffs im Großsegel, Genua durch Fock II ersetzt«, heißt es im Logbuch. Aber nur 10 Tage vom Ärmelkanal bis hierher – das ist eine hervorragende Leistung: 1938 benötigte Hein Garbers in der kaum kleineren »Windspiel III« (Lüa 9,35 m, LWL 6,90 m, Büa 2,70 m, Tiefgang 1,60 m, Amwindbesegelung 50 m²) genau die doppelte Zeit für die gleiche Distanz: Er verließ Falmouth am 22. Juni und traf am 11. Juli in Horta auf den Azoren ein, von wo aus er am 16. 7. 1938 weiter nach New York segelte, einhand wie Jörgen Meyer. Am 24. August, nach weiteren 39 Segeltagen im Kielwasser Schlimbachs, traf er dort ein. Er war seinerzeit einer der anerkannt besten deutschen Blauwassersegler. Sogar im Kriege wurden seine seemännischen und nautischen Fertigkeiten von der deutschen Wehrmacht ausgenutzt, als er auf großen Hochseeyachten Agenten bis nach Südamerika bzw. Südafrika brachte. Für diese sportliche Leistung wurde der damals 35jährige als Zivilist sogar mit dem Ritterkreuz ausgezeichnet. Ein Vergleich der Leistungen deutscher Einhandsegler 1937 (Schlimbach) und 1938 (Garbers) bei ihren Atlantiküberquerungen mit der Reise von Jörgen Meyer (1971) zeigt, wieviel leistungsfähiger, kühner, mutiger die Blauwassersegler drei Jahrzehnte nach den Erstleistungen ihrer Pioniere geworden sind.

»Paloma« durchsegelt jetzt das Gebiet der Roßbreiten mit schwachen, aus unterschiedlichen Richtungen kommenden Winden weitgehend im Kern des sogenannten »Roßbreitenhochs«. Dieser makabre Name entstand zur Zeit der Kolonisation der »Neuen Welt«, weil hier die Kadaver verdursteter Pferde über Bord geworfen werden mußten, wenn die Segelschiffe wochen-

Seglerwissen – leicht gemacht

Flugfunkfeuer

Im Logbuch der »Paloma« lesen wir am 24. 9. 1971: »In der Nacht überschritt ›Paloma‹ die Verbindungslinie Azoren-Madeira wie beabsichtigt ungefähr in der Mitte. Ich konnte die Flugfunkfeuer von Madeira und Sao Miguel auf den Azoren peilen, obwohl es in dieser Zeit gerade ziemlich ungemütlich an Bord war.«

Das Funkpeilen ist eigentlich nichts anderes als die Standortbestimmung nach ortsfesten Landobjekten wie in der terrestrischen Navigation, nur mit anderen, durch elektrische Energie gespeisten Geräten: An die Stelle des sichtbaren Leuchtturmes tritt ein Funkfeuer als Sender, und die Aufgabe des beobachtenden Auges übernimmt der Empfänger mit Kopfhörer bzw. Lautsprecher und Anzeigeinstrumenten. Die Schiffahrt arbeitet dabei mit Seefunkfeuern, die sich im Prinzip nur durch ihre Frequenzen von Flugfunkfeuern unterscheiden: Seefunkfeuer arbeiten mit Wellenlängen von 923 bis 1053 m bzw. auf den Frequenzen 285 bis 325 kHz im Mittelwellenbereich, Flugfunkfeuer sind im Frequenzbereich von 160 bis 415 kHz zu hören; sie arbeiten mit Wellenlängen von 723 bis 1875 m. Seefunkfeuer sind im »Nautischen Funkdienst« verzeichnet, Flugfunkfeuer hingegen nur in Seekarten eingezeichnet. Um die Einflüsse der Küstenlinie oder eines ungünstigen Übergangs der Peilstrahlen vom Land zum Meer weitgehend auszuschließen, sind Seefunkfeuer direkt an oder vor der Küste installiert, auf Leuchttürmen, vorspringenden Landspitzen und anderen markanten, in die See hineinreichenden Punkten. Flugfunkfeuer liegen in der Nähe von Flugplätzen. Ihre Standorte sind für fliegende Objekte immer günstig, weil die Funkstrahlen nur in der Luft empfangen werden. Benutzt man sie in unmittelbarer Erdnähe auf dem Wasser, werden ihre Peilungen oft fehlerhaft werden.

Die Nachteile von Flugfunkfeuern für die Funknavigation auf kleinen Seekreuzern kann man weitgehend ausschalten, wenn man mehrere Objekte peilt und ein Fehlerdreieck erhält, in dessen Mittelpunkt der Schiffsort angenommen werden kann, oder wenn man ein Flugfunkfeuer mit einer Zielfahrt ansteuert und der Peilstrahl dabei nur als Hilfsmittel dient, um feste Landobjekte zur Ortsbestimmung (Leuchttürme, Baken, Landspitzen, Ansteuerungstonnen o. ä.), die in Linie davor liegen, besser auffinden zu können.

lang in Flaute lagen und das Trinkwasser kaum für die Besatzungen und Auswanderer ausreichte. Die Windsterne neben der Kurslinie der »Paloma« zeigen die für die entsprechenden Monate in den »Monatskarten« angegebenen Windrichtungen und Windstärken in ihrer durchschnittlichen Häufigkeit: Windstärken 2–4 aus allen Richtungen mit mindestens 6 Tagen Windstille. Der Einfluß des »Portugiesischen Norders« in Landnähe, in dem z. B. die Kanarischen Inseln liegen, macht sich hier nur bedingt bemerkbar; aber der Kanarenstrom, ein kalter Südstrom, ist mit seiner geringen Schiebekraft noch spürbar.

Am 25. September wird die Borduhr um eine weitere Stunde vorgestellt. Die neue Zeitzone für 30° West beginnt bereits bei 22° 30′ West und reicht bis 37° 30′ West. Hier ist es jetzt erst 09.00 Uhr vormittags, wenn in Deutschland um 12.00 Uhr schon die Mittagspause beginnt.

Am 4. Oktober wird auf 24° 35′ N und 27° 37′ W die erste Kursmarke »Punkt A« erreicht. Der neue Generalkurs führt jetzt zum nächsten Wendepunkt »Punkt B« auf 13° N und 40° W. Die »Paloma« nimmt hierbei nicht den üblichen kürzesten Weg durch das Passatgebiet, sondern wählt einen zuerst mehr südlichen und erst später zunehmend westlichen Umwegkurs, um jeder möglichen Hurrikan-Gefahr, die zu dieser Zeit noch in diesem möglichen Entstehungsgebiet von Wirbelstürmen eintreten könnte, mit größter Sicherheit auszuweichen. Im Ostteil des nördlichen Atlantiks über dem Äquator treten auf dieser Breite keine tropischen Wirbelstürme auf, und in der Äquatornähe finden sie durch die hier weitgehend neutralisierte Corioliskraft keine atmosphärischen Geburtsbedingungen mehr vor. Das äquatornahe Gebiet bleibt orkanfrei, und wenn man sich vom Wendepunkt »B« nicht nördlicher als auf dem 13. Breitenparallel hält und in die Karibische See zwischen den Inseln Tobago und Grenada einsegelt (dem Wendepunkt »C«), geht man auch im Oktober nach dem Handbuch des Deutschen Hydrographischen Instituts für den Atlantischen Ozean kein Sicherheitsrisiko ein.

Segeln heißt Kurswahl und Standortbestimmung. Hinter dem Kielwasser versinkt die Kurslinie eines Bootes wieder in der blauen Unendlichkeit von Meer und Himmel. Es gibt keine Straßen, keine Spuren, keine Orientierungspunkte auf dem Meer, die denen auf dem Festland vergleichbar sind, wo sich Wege wie Furchen eingraben oder Wegweiser als unveränderliche Kennzeichen

Seglerwissen – leicht gemacht

Etmal (1)

Jörgen Meyer schreibt am 3. Oktober 1971, als er den freien Atlantik erreicht hatte:

»Von nun an zählte ich die Tage wie auf großer Fahrt üblich, vom Mittag des einen bis zum Mittag des nächsten Tages, d. h. von einer Kulmination der Sonne bis zur nächsten, und bestimmte dabei das jeweilige Tagesetmal ohne Rechnung, nur durch Abgreifen mit dem Zirkel.«

Der Begriff »Tagesetmal« ist dabei schon tautologisch benutzt oder »doppelt gemoppelt«, denn das Wort »Etmal«, holländisch »Het Mal«, englisch »days work«, spanisch »singladura« bedeutet bereits den Zeitraum eines Tages oder von 24 Stunden, vom Mittag des einen bis zum Mittag des folgenden Tages gerechnet.

»Wir haben ein Etmal von 120 Seemeilen gesegelt« heißt also: Wir haben in 24 Stunden, von einem Mittagsbesteck zum nächstfolgenden, eine Distanz von 120 Seemeilen zurückgelegt.

Bei kleinen Seekreuzern wurden bis ca. 1950 Etmale von 100 sm als ausgesprochen gut angesehen; meistens lagen die Etmale, insbesondere bei Einhandseglern, wesentlich darunter. Auf modernen Seekreuzern erreicht man heute, je nach Größe und Anzahl der Crew, wesentlich größere Tagesleistungen, und auch Einhandsegler machen (nicht zuletzt mit Hilfe der Selbststeueranlage, die das Boot auch in ihrer Freiwache auf Kurs hält) Etmale von über 150 sm gut – natürlich nur bei gutem Segelwind und richtiger, angemessener Segelführung.

Während ein Etmal die Kalkulation der Durchschnittsgeschwindigkeit erlaubt (120 Seemeilen in 24 Stunden = 5 Knoten Fahrt), kann man Langreisen auch hinsichtlich eines »Durchschnittsetmals« auswerten. Das Durchschnittsetmal der schnellen Weltumseglung Jörgen Meyers mit der »Paloma« betrug 100 sm, sein bestes Etmal 183 sm. Registriert werden auch »Rekord-Etmale«, z. B. bei Francis Chichester und der 17,39 m langen »Gipsy Moth V« bei über 200 sm (am 31. 1. 1971: 231,5 sm). Die berühmten Großsegler brachten es auf 378 sm (»Potosi«) und 363 sm (»Cutty Sark«) in einem Etmal. Bei schnellen Containerschiffen liegt schon das Durchschnittsetmal bei ca. 500 sm, während die »United States« bei dem Gewinn des »Blauen Bandes« des Nordatlantiks Etmale von über 850 sm erreichen konnte.

mit Erhebungen oder Bäumen auch für die Folgenden aufdrängen. Nur die Gestirne sind auf See die Fixpunkte für die Schiffsortbestimmung und die Kurswahl. Sie bestimmen sogar den vom bürgerlichen Kalender abweichenden »Tag«, der nicht (wie an Land) von Mitternacht bis Mitternacht, sondern hier, auf blauem Wasser, vom Mittag des einen zum Mittag des nächsten Tages rechnet, d. h. von einer Kulmination der Sonne, die man am besten und am längsten erkennen, messen und berechnen kann, bis zum nächsten Höchststand ihrer täglichen Bahn.

Das in dieser Zeit zurückgelegte Etmal wird dabei zwischen den beiden in die Seekarte eingezeichneten Mittagspositionen mit dem Zirkel entnommen und am Kartenrand abgegriffen. Ein Etmal ist dabei nicht nur die Distanz, die ein Boot an einem Tag gutgemacht hat; es ist auch gleichzeitig der Maßstab für die Leistung von Boot und Segler. Denn nur, wenn man die vorhandene Windenergie, die die Natur liefert, mit möglichst viel Segelfläche zu verwerten versucht und die Segel zu jeder Minute des Tages gleichzeitig optimal trimmt, um eine möglichst große Windkraft zu erzeugen, wird das Boot schnell sein. Die »Paloma« kann auf ihre Etmale am 4., 5. und 6. Oktober stolz sein: Bei Ost-Südost- bzw. Ostwinden von 4–5, einer idealen Vollzeugbrise, macht sie 127 sm, 147 sm und 140 sm gut. Zuerst 5, dann sogar 6 kn – und diese Geschwindigkeit hält sie auch durch, wenn der Segler schläft!

Jörgen Meyer segelt dabei nicht mit der »klassischen« Passatbesegelung, die aus zwei ausgebaumten zwillingsgleichen Vorsegeln besteht, deren Schoten straff mit der Ruderpinne verbunden sind: Weicht das Boot bei achterlichem Wind einseitig von seinem Kurs ab, wird die Segelkraft durch den sich dann verändernden Anstellwinkel der Segel ebenfalls einseitig größer, und die Schot der betreffenden Seite zieht die Pinne an und bringt das Boot ganz allein auf den alten Kurs zurück. Jörgen Meyer bringt es fertig, die »Paloma« auch auf Kurs zu halten, indem er auf der einen Seite die wesentlich flächengrößere Genua neben einem kleineren Passatsegel setzt und diese mit dem längeren Spinnakerbaum ausbaumt.

Die Selbststeueranlage bleibt auch unter Passatsegeln ausgebracht. Gelegentlich bleibt Zeit zum Experimentieren, ob man das Großsegel mit vielen Reffs (mindestens sechs) in Mittschiffsposition setzt, um die Rollbewegungen auf Vorwindkurs vor mäßig

Seglerwissen – leicht gemacht

Etmal (2)

Wir hatten festgehalten, daß ein Etmal »der in 24 Stunden über Grund zurückgelegte Weg eines Bootes oder Schiffes in Seemeilen ist, und zwar von mittags 12.00 Uhr bis zum folgenden Tage mittags 12.00 Uhr«. Genau genommen ist ein Etmal aber nur auf Nord- und Südkursen ein Zeitraum von 24 Stunden, d. h. wenn das Boot nicht selbst mit der Zeit (auf Kursen von Ost nach West, vom Morgen zum Abend und mit der Sonne) oder gegen die Zeit (wie auf west-östlichen Kursen) segelt. Bei einer Weltumseglung Ost-West durch die Südsee oder auf der Passatroute über den Nordatlantik umfaßt ein Etmal vom »wahren Mittag« oder der Sonnenkulmination des einen bis zum »wahren Mittag« des anderen Tages eine längere Zeit, weil der Zeitpunkt des Mittagsbestecks von der sich täglich ändernden geographischen Länge abhängig ist. Der volle Tag, den man auf einer Ost-West-Erdumseglung spart, ergibt pro täglichen Segeltag einen Zeitgewinn von ca. 10 Minuten (abhängig von der Fahrt), so daß das Etmal entsprechend einige Meilen länger werden kann, während es sinngemäß bei Fahrten nach Osten kürzer als auf dem Meridian ist.

Sprachgeschichtlich bedeutet »-mal«, aus dem Gotischen kommend und im Althochdeutschen, ein »Punkt«, ähnlich wie in den Begriffen »Muttermal« oder »Mahlzeit«, obwohl auch hier der Begriff »Zeit« oder »Zeitpunkt des Essens« praktisch bereits doppelt enthalten ist. Auch die erste Silbe »et« wird als ein verstärkendes, die Wiederkehr anzeigendes Präfix erklärt, wie es auch in mittelhochdeutschen Bezeichnungen wie »Eddach« und »Ettink« für einen regelmäßig und in bestimmten Zeitabschnitten wiederkehrenden Gerichtstag enthalten ist.

Seemännisch tritt der Begriff wohl erstmalig 1588 im »Spiegel der Zeevardt« von Lucas Jansßon Wagenaer auf, wo ein Etmal »abgesteckt« oder durch Zeichnung ermittelt wird. Wagenaer spricht auch noch von einem »Etmal des Mondes«, und noch heute wird der Begriff »Etmal« nicht nur als ein Maß für die Strömungsgeschwindigkeit, sondern auch als ein Zeitraum von 24 Stunden bei Gezeiten angewandt, weil in dieser Zeit zweimal Ebbe und zweimal Flut stattfinden. Ein »Etmal« erstreckt sich dann über zwei Tiden, doch kommt es auch vor, daß Küstenbewohner nur eine Tide, also die Zeit von nur 12 Stunden, so benennen.

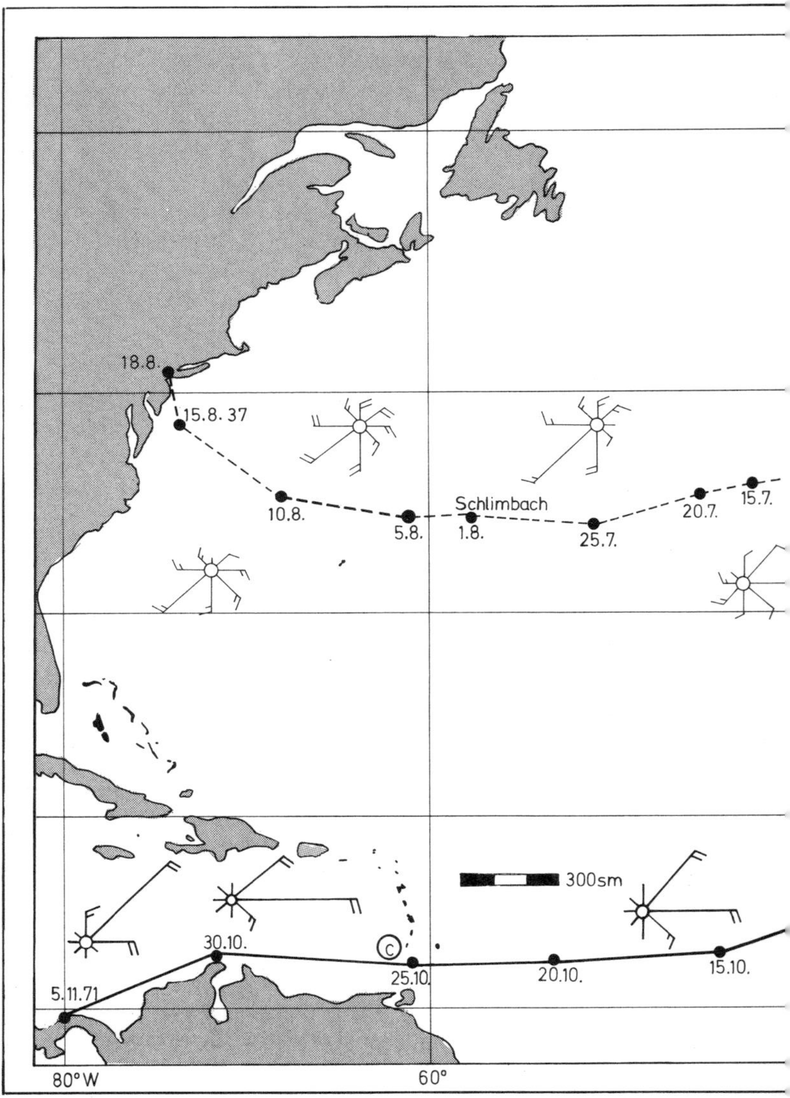

Die zeitgleichen Reisen von Meyer (fette Kurslinie) und Schlimbach (gestrichelte Route) mit der fast doppelten Distanz der »Paloma«. Dabei gibt es nahezu gleiche Etmale, z. B. vom 20.–25. 6. 1937 und vom

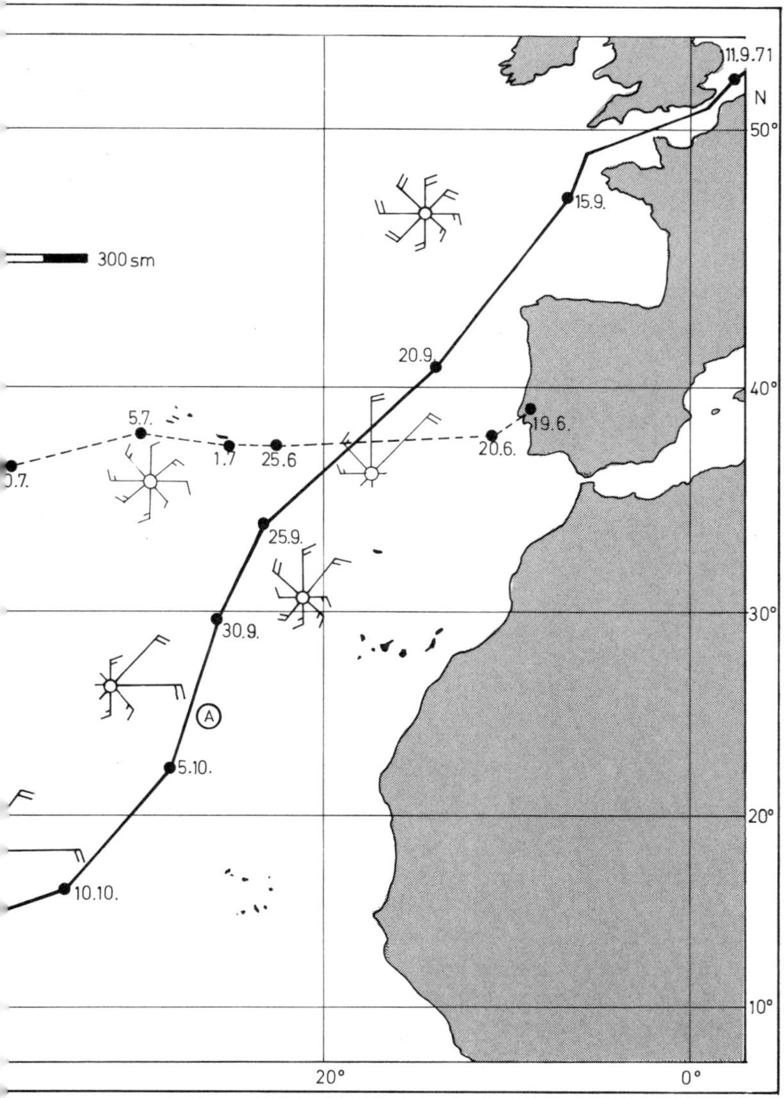

20.–25. 9. 1971, und sehr ungleiche (z. B. vom 15.–20. 10. bzw. vom 15.–20. 7). Eingezeichnet sind auch die Kursmarken A, B und C sowie die Windsterne für die entsprechenden Zeiten und Gebiete.

bewegter See auszugleichen, das Boot direkt über die Passatsegel steuern läßt oder mit der Windfahnen-Steuerung auf seinem Kurs zu halten sucht.

Je weiter »Paloma« nach Süden kommt und auf Westkurs gehen kann, desto mehr nutzt sie den Nordäquatorialstrom aus, der sich unter der südamerikanischen Küste mit dem von Süden auflaufenden Südäquatorialstrom zu einem kräftigen Schiebestrom in die Karibik hinein entwickelt. Die zunehmend größeren Etmale auf dieser Rennstrecke des Atlantiks, die z. B. auch Francis Chichester zu Beginn des gleichen Jahres ausnutzte, als er hier im Januar und Februar 1971 mit seiner 17,39 m großen »Gipsy Moth V« und ihren 150 m^2 Segelfläche mehrere Tage lang Rekordetmale bis 231 sm erreichte, kommen auch der »Paloma« zustatten: Sie segelt am 28. Oktober ihr bis jetzt bestes Etmal von 153 sm, eine Distanz von 283 km oder den Seeweg von Kiel nach Kopenhagen.

Die Mißweisung, die man bei der Kursverwandlung berücksichtigen muß, erreicht auf dieser Strecke zuerst schnell zunehmende und dann wieder abnehmende Werte: In unseren heimischen Gewässern kann sie mit 0 bis 2°, die am Steuerkompaß kaum zu berücksichtigen sind, nahezu vernachlässigt werden. Hier steigt sie bis zum 40. Längengrad auf 19° W an, um dann nördlich Kolumbien vor dem Eingang zum Panamakanal wieder 0° zu erreichen. Wenn man den Kartenkurs in den Steuerkurs verwandeln muß oder den Kompaßkurs in den rechtweisenden Kurs umrechnen will, ist die Isogonen-Karte, die die Linien gleicher erdmagnetischer Mißweisung für die freien Ozeane enthält, schon pedantisch genau auszuwerten. Denn in die Übersegler können die uns bekannten Mißweisungsrosen nicht eingedruckt werden, Fehler um wenige Grade können sich aber bei tagelangen Distanzen in nahezu unveränderter Generalkursrichtung schon so verheerend auswirken, daß man Landfall an einer ganz anderen als der beabsichtigten Insel macht oder an ihr einfach vorbeiläuft.

Am 20. Oktober die erste kleine Havarie an Bord: Der Mastbeschlag für den Spinnakerbaum, ein Dorn aus massivem Aluminium von ca. 25 mm Durchmesser, bricht in einer heftigen Gewitterbö mitten durch. Mit einem Messer müssen die Spinnakerschoten gekappt werden, um weder das Segel noch die Spiere zu verlieren. Am folgenden Tag wird der Spinnakerbaum mit einem hierfür mitgeführten Verlängerungsstück von 1 m Länge, das den Dorn überflüssig macht, wieder gesetzt.

Ein aufschlußreicher Vergleich: Schlimbach und Meyer – zwei Einhandsegler in wertgleichen Booten auf dem Nordatlantik

Ludwig Schlimbach war der überall anerkannte Seglerheld in Deutschland, der Vater des deutschen Hochseesegelsportes am Ende der dreißiger Jahre. Seine Einhand-Atlantik-Überquerung 1937 in der »Störtebeker III« hat deutsche Seglergeschichte gemacht und sollte beispielhaft für die nachfolgende Seglergeneration werden. Der ihm für diese Alleinfahrt verliehene Ehrenpreis, der Kronenkompaß, wurde ab 1953 die höchste und begehrteste Auszeichnung der Transozean-Segler in seinem Kielwasser. Seine seemännische und nautische Leistung, auch als »hervorragend«, »außergewöhnlich« oder »bahnbrechend« bezeichnet, ist unbestritten. Er hat sie in mehreren Atlantikfahrten mit verschiedenen Yachten immer neu bewiesen.

Jörgen Meyer ist (auf den ersten Blick) nur einer von zahlreichen deutschen Einhandseglern, die dem Schlimbach-Ruf folgten. Sein Feld war nicht nur der Nordatlantik. Er übertraf den Schrittmacher durch Kühnheit, in einer Alleinfahrt um die ganze Welt zu segeln. Diese Reise mit ihren wenigen Stopps wurde zu einer international anerkannten Rekordleistung. Wie ist sie zu werten, wenn man an Meyer und die »Paloma« die Elle anlegt, die Schlimbach geschnitzt hat?

	Lüa (m)	LWL (m)	Büa (m)	T (m)	D (t)	S (m^2)
»Störtebeker III«	10,20	7,50	2,62	1,60	ca. 6	45
»Paloma«	10,25	7,15	3,05	1,47	5,55	44,5

Beide Schiffe sind in ihren Linien nahezu identisch. Beide sind Langkieler mit fast gleichen Abmessungen und gleicher Verdrängung, beide haben ein Yachtheck. Ihre Baustoffe sind unterschiedlich, aber zeitgemäß: »Störtebeker III« mit einer Beplankung aus Tabasko-Mahagoni über Kiel und Spanten aus Eiche, das Deck aus Yellow-Pine, ein speziell für diesen Zweck gebauter Neubau der damals renommiertesten Yachtwerft Abeking und Rasmussen. »Paloma« aus GFK, ein Serientyp nach einer Miglitsch-Konstruktion von 1966. Die Topptakelung der »Paloma«: zeitgemäß, vielleicht ein Vorteil. Dafür konnte man auf der »Störtebeker III« mit 5/6-Takelung den Besan setzen, für Einhandsegler (nicht nur damals) ein gern gesehener Helfer.

»In der Nähe von Barbados war die Versuchung groß, dort in der Carlisle-Bay bei Bridgetown mal für eine Woche den Anker fallen zu lassen«, heißt es im Logbuch. Jörgen Meyer kennt diese schöne Reede von seiner Atlantiküberquerung mit der »Törner«. »Der Gedanke an eine Fahrtunterbrechung war zwar verlockend, aber meine weiteren Pläne wären dadurch gefährdet worden. Außerdem fühlte ich mich in keiner Weise ruhebedürftig. Also weiter zum Panamakanal!«

Der Ansteuerungspunkt »C«, die Durchfahrt zwischen Tobago und Grenada in das Karibische Meer hinein, ist schwer zu finden: Die Sonne kommt selten und dann nur kurzzeitig in Sicht, und die Funkfeuer sind durch Gewitterstörungen kaum auszumachen. Am 26. 10. jedoch haben »Paloma« und der Skipper es geschafft: Barbados, Trinidad und Grenada liegen hinter ihnen. In westlicher Richtung geht es weiter entlang der Küste von Venezuela und Kolumbien. Am 28. Oktober wird Caracas, am nächsten Tag Curaçao passiert. Von hier aus liegt die Einfahrt zum Panamakanal in WSW-Richtung, aber das Segelhandbuch empfiehlt, sich zunächst doch weiter nur westlich zu halten, weil vor der Küste von Kolumbien ein starker gegenläufiger Neerstrom steht.

Der Passat weht hier in der Karibik sehr frisch mit Bft. 6–7 und entsprechendem Seegang. »Paloma« führt kleine Segel, und glücklicherweise gibt es in dieser Regenzeit doch mehrere Tage mit klarem Himmel und ohne Nässe, so daß (als Vorübung für die schwierige Navigation in den Korallengewässern des Pazifiks) Fixsterne geschossen und Sternhöhen nach H. O. 249, Band 1, berechnet werden können.

Die zweite Havarie liefert der Motor: Er springt nicht an, um die Batterien für den Betrieb der Positionslaternen zu laden. Der Fehler jedoch ist alt: Ein Monteur hat einen elektrischen Anschluß falsch verbunden – aber Jörgen Meyer muß eine ganze Nacht lang fieberhaft arbeiten, um diesen Fehler zu finden. Denn das Anlaufen und Passieren des Panamakanals ohne Motor würde viele unerwartete Probleme mit sich bringen.

Bereits am 3. November sichtet Jörgen Meyer die zu Panama gehörende Küste. Es regnet heftig, mehrere Gewitter ziehen vorbei und bewirken, daß sich die Windrichtung dauernd ändert. Die Stunden an der Pinne, um »Paloma« in dieser Zeit selbst zu steuern, werden durch eine Landschwalbe und Seevögel verkürzt, die »Paloma« ihre Reverenz erweisen. Am 4. November könnte

Schlimbach und Meyer: Ihre gesegelten Zeiten im Vergleich

Schlimbach startete am 19. 6. 1937 in Lissabon. Dorthin wurde die »Störtebeker III« auf einem Dampfer transportiert. Warum? »Vor allem war es eine Frage der Zeit«, sagt der Eigner. »Ich mußte vor oder um den 31. Juli in Amerika ankommen. Das war aber höchst fraglich, da der Anmarsch bis zum Atlantik – bis Quessant oder Finisterre, von wo ab eine Atlantiküberquerung gerechnet wird – ja allein schon drei Wochen dauern konnte. Ferner war es eine Frage der Sicherheit: Das belebte Gewässer der Nordsee und der englische Kanal sind im allgemeinen kein Tummelplatz für Einhandsegler.«

Meyer startete am 11. 9. 1971 in Cuxhaven. Er hatte (wie andere Einhandsegler seiner Zeit) mit dem (gesteigerten) Schiffsverkehr fertig zu werden gelernt, letztlich auch durch seine Selbststeueranlage. Für die Distanz nach Lissabon benötigte er elf Tage, knapp die Hälfte der Zeit, die Schlimbach veranschlagt hatte.

Schlimbach segelte im Hochsommer. Er wählte die Azoren-Route, den mittleren Kurs zwischen der direkten Nordroute (vom Kanal aus) und der längeren Passatroute. Er traf am 18. 8. 1937 in New York ein und benötigte für die Distanz von 3500 sm 58 Tage. Das war die schnellste Fahrt mit einer hochgetakelten Yacht.

Meyer segelte im Spätsommer und im Frühherbst. Seine Distanz bis nach Panama war mit 6133 sm fast doppelt so lang. Er traf hier am 6. 11. 1971 ein, nach einer fast gleichen Zeit von 59 Tagen.

Schlimbach erreichte bei seiner Alleinfahrt über den Atlantik (3500 sm in 58 Tagen) ein Durchschnittsetmal von 60,3 sm und eine Durchschnittsgeschwindigkeit von 2,5 kn. Meyer brachte es, ebenfalls einhand, mit 6133 sm in 59 Tagen auf ein Durchschnittsetmal von 104 sm und eine Durchschnittsgeschwindigkeit von 4,3 kn auf dem gleichen Revier.

Meyer war damit, an Schlimbachs Maßstäben gemessen, (fast) doppelt so schnell. Diese Feststellung mindert die Leistungen Schlimbachs (auch in seiner Zeit) nicht; aber sie hilft uns vielleicht, die Leistung Meyers und den sportlichen Wert seiner Alleinfahrt besser zu erkennen. Denn beide Segler waren nicht mehr jung, als sie den Atlantik überquerten: Schlimbach (geboren 1876) war 62 Jahre, Meyer (geboren 1906) war 65 Jahre alt. Senioren – zweifellos, aber »alte Männer«? Sicher nicht.

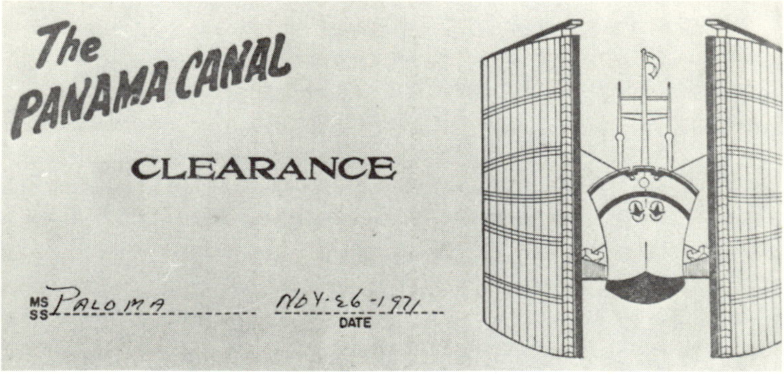

Eintrittskarte für den Panamakanal: Der Einklarierungsschein der »Paloma« nach ihrer Ankunft in Amerika.

»Paloma« im Abenddunkel in die zum Greifen nahe Hafeneinfahrt einlaufen – da bemerkt der Skipper, daß die Backbord-Positionslaterne nicht brennt. Sie ist wahrscheinlich bei der Havarie des Spinnakerbaum-Beschlages beschädigt worden. Also muß er wieder nach See ablaufen und benötigt den ganzen nächsten Tag, um gegen den Strom bei schwachem Gegenwind die Küste noch einmal anzukreuzen. Nur eine Schule von 100 Delphinen, die lustig um »Paloma« spielen, fast senkrecht aus dem Wasser springen und in der Luft ihre Pirouetten drehen, entschädigt ihn für diesen Zeitverlust.

So wird es erst der 59. Tag nach der Abfahrt aus Brunsbüttel, als am 6. November 1971 um 13.43 Uhr im großen Hafen der Anker auf der für Yachten vorgesehenen Reede fällt: 6133 sm liegen hinter der »Paloma«, die einen Tagesdurchschnitt von 104 Seemeilen gelaufen ist. In dieser Zeit, die leicht um 2 Tage hätte kürzer sein können, hat Jörgen Meyer eine fast doppelt so lange Strecke wie vor ihm Schlimbach und Garbers bei ihren Einhand-Atlantiküberquerungen gesegelt. Der Skipper und sein Boot sind noch in guter Verfassung. Die Reise hätte viel länger dauern können. Durch die Landenge von Panama, die zuerst zu bewältigen ist, ist es die kürzeste Etappe. Die anderen Strecken werden länger dauern. Aber vor der Weiterfahrt wartet zuerst der Papierkrieg!

Zeit und Route einer schnellen und sicheren Atlantik-Überquerung

Der nordwestliche Nordatlantik ist von Mai bis Dezember durch Hurrikans gefährdet. Im September erreicht die Hurrikan-Saison ihren Höhepunkt. Fahrten über den Nordatlantik müssen zeitlich daher so geplant werden, daß die Fahrt über den »großen Teich« in der Neuen Welt spätestens im Mai, dem dortigen Beginn der Hurrikan-Zeit, gestartet wird. Die Wintermonate sind zwar frei von Wirbelstürmen, aber nicht unbedingt eine empfehlenswerte Segelzeit. Andererseits sollten Yachten aus der Alten Welt nur in der Zeit vom Dezember bis Mai, Juni oder spätestens Juli ihre Zielhäfen auf der anderen Seite des Atlantiks erreichen. Die bekannten Zeitpläne von Regatten und Langfahrten zeigen diese Wirbelsturm-Beziehung deutlich an.

Schlimbach segelte (kurz) vor der Hurrikan-Zeit, Meyer erreichte Westindien kurz vor dem Ausgang des Gefahren-Zeitraumes. Bei beiden Seglern war das Risiko gering, aber bekannt und einkalkuliert. Meyer konnte – mit Rücksicht auf die anderen Etappen seiner Weltumseglung in kürzester Zeit – nicht später, aber er durfte auch nicht früher starten. Die Windsterne neben seiner Route zu den angegebenen Zeiten zeigen schon mit einem Blick, daß er am Ost- und Südrand des Azorenhochs raume Winde erwarten konnte, ehe er den eigentlichen Passatgürtel erfassen würde. Die durchschnittliche mittlere Windstärke 4 war die ideale Vollzeugbrise für seine seetüchtige Kreuzeryacht. Auf der Breite von 10°–15° Nord gelangte er außerdem in den Bereich des normalen Nord- und später des (durch den nach Norden abgelenkten Südäquatorialstrom) noch verstärkten Nordäquatorial-Stromes, der ihm eine zusätzliche Schubkraft von über 1 kn, d. h. einen täglichen Distanzgewinn von über 24 sm oder 50 km schenkte.

Schlimbach hingegen hatte sich bei seinem Kurs durch den Kern des Azorenhochs zuerst mit Flauten und umlaufenden und dann ab ca. 50° westlicher Länge mit Gegenwinden herumzuschlagen. Strom war ihm am Anfang seiner Reise wenig hilfreich. Bei Halbzeit segelte er nahezu stromlos, aber mit Annäherung an die amerikanische Küste wurde, im Golfstrom-Bereich, der fahrthemmende Gegenstrom immer stärker und fühlbarer.

Aber jeder Segler hat es in der Hand, durch seine Fahrtenplanung Windrichtung und Stromrichtung optimal auszunutzen.

Reise ohne Rast: In 87 Tagen über den Pazifik

Der Panamakanal: Zeitverlust und Papierkrieg

»Paloma« setzt die gelbe Flagge, auch »Quarantäne-Flagge« genannt, die nach dem Internationalen Signalbuch bedeutet: »An Bord ist alles wohl. Bitte um freie Verkehrserlaubnis.« Eine halbe Stunde später bringt ein Motorboot zwei Beamte an Bord. Mehrere Fragebögen müssen ausgefüllt, die Papiere für das Boot und die Crew vorgelegt werden. Nach einer Stunde Schwerarbeit erhält Jörgen Meyer die Erlaubnis, mit seinem Schlauchboot zu einer bestimmten Pier zu pullen und sich dort beim Immigration Officer zu melden. Die »Paloma« muß derweil allein auf Reede liegen bleiben, denn auch sie benötigt eine Erlaubnis, anschließend zum Panamakanal-Yachtclub zu verholen. Und auch diese Genehmigung durch die Einwanderungsbehörde kann erst erteilt werden, wenn man eine vorgeschriebene schriftliche Bescheinigung durch die Klubleitung beibringen kann, daß ein freier Liegeplatz bereitsteht – aber am Wochenende hat sogar das Yachtclub-Büro geschlossen. Wider Erwarten genügt eine nur mündliche Zusage und die Fürsprache des Barkeepers, daß »Paloma« doch noch am Abend für fünf Tage an die Pier gehen darf.

Der Sprung von der Freiheit in die Verwaltung, von der Ungebundenheit der See in die Fesseln des Landes ist nicht leicht: Jörgen Meyer läuft hinter seiner Post her, die bei einer Bank und dann bei einem Klub liegen soll, entweder in der Panama-Kanalzone (die US-amerikanisches Hoheitsgebiet ist) oder außerhalb (in der Republik Panama). Zwei Vermesser kommen an Bord, um

Gelbe Flagge = Quarantäne

Das Setzen der Flagge »Quebec« nach dem Internationalen Signalbuch, einer einfarbigen gelben Flagge, beim Einlaufen in einen Hafen bedeutet: »An Bord ist alles wohlauf und gesund, und ich bitte um freie Verkehrserlaubnis.« Dieses Signal ist Meldung und Aufforderung in einem: Niemand von der Crew darf von Bord gehen, bis die Gesundheitsbehörde des entsprechenden Hafens die Genehmigung gegeben hat, und der Kapitän des Fahrzeugs gibt damit gleichzeitig nach den internationalen Gesundheitsvorschriften bekannt, daß keine quarantäne-pflichtigen Krankheiten wie Pest, Cholera, Gelbfieber, Pocken, Fleckfieber, Rattenpest an Bord herrschen, keine verdächtigen Todesfälle während der Reise zwischen dem Ausgangs- und Bestimmungshafen eingetreten und keine verdächtigen Krankheitssymptome bei der Besatzung sichtbar sind. Erst danach wird das Schiff von den Gesundheitsbehörden freigegeben oder, wenn es als seuchenverdächtig oder verseucht erklärt werden muß, in »Quarantäne« gelegt.

Der Begriff geht auf das italienische Wort »quarantina« zurück und bedeutet »40 Tage«. Er wurde erstmalig 1374 angewandt, als die Behörden von Venedig einem pestverdächtigen Schiff die Einfahrt verweigerten und eine entsprechend lange Wartefrist verhängten, in der die Besatzung isoliert und überwacht wurde.

Ein Schiff, das nicht seuchenfrei ist oder die eingangs genannten Bedingungen für das Setzen der gelben Flagge »Quebec« nicht erfüllt, muß das Buchstabensignal »Quebec-Quebec« setzen, dargestellt durch die gelbe Flagge Q über dem ersten Hilfsstander, einer kleinen dreieckigen gelben Flagge mit breitem blauen Rand. Dieses Flaggensignal bedeutet dann: »Mein Schiff ist seuchenverdächtig bzw. ich benötige Gesundheitsabfertigung.«

Auf größeren Schiffen oder bei Fahrzeugen, die mit Funktelegrafie oder Funktelefonie arbeiten, werden diese Quarantänemeldungen nach Codegruppen des Internationalen Signalbuchs abgegeben, die dann jedoch nicht mit dem Buchstaben »Q«, sondern mit dem Buchstaben »Z« beginnen. Einige von ihnen lauten:

»ZS«: »An Bord ist alles gesund, und ich bitte um freie Verkehrserlaubnis.«

»ZV«: »Ich glaube, ich bin in den letzten 30 Tagen in einem Infektionsgebiet gewesen.«

»ZW«: »Ich benötige einen Hafenarzt.«

für die Kanalgebühren die Größe der »Paloma« zu ermitteln. Ein gestrenger Herr versiegelt die Signalpistole in einem Schapp (damit Jörgen Meyer nicht auf Menschen schießen kann!).

Er bleibt zwei Wochen in Cristobal: »Paloma« muß aufgeslippt werden, um das Unterwasserschiff vom dichten Muschelbewuchs zu befreien und ihm einen neuen, dreifachen Antifouling-Anstrich zu geben. Aber der Slip wird erst nach acht Tagen frei. Der Motor wird von Zweikreis- auf Einkreiskühlung umgebaut. Bei diesen und anderen Arbeiten hilft ein anderer deutscher Globetrotter, Gerhard Diekow, gegen stundenweise Bezahlung. Auch er ist einhand von Deutschland nach Panama gesegelt, allerdings in mehreren Etappen, und nun will er mit seiner »Neptun 24« weiter nach San Francisco. Als »bezahlte Hand« auf Yachten bessert er hier die Reisekasse auf. Dann wird neuer Proviant geladen, und am Sonntag, dem 21. November, fährt »Paloma« mit einem Lotsen an Bord (es besteht Lotsenzwang; Kosten 30 Dollar) und vier weiteren freiwilligen Helfern für die Leinenbedienung durch den Kanal nach Balboa auf der Pazifikseite. Die Kanalfahrt ist ein interessantes Erlebnis: Der Lotse ist Norweger. Ein amerikanisches Ehepaar, Roy und Helen Wildman, gehen als »lines-men« mit, um Erfahrung für ihre eigene Kanalpassage mit dem Schoner »Rose of Sharon« zu sammeln, und neben Gerhard Diekow ist noch ein junger Franzose von einer anderen Yacht mit von der Partie.

Im Logbuch heißt es: »08.30 Uhr Leinen los Panamakanal-Yachtclub. 09.40 Uhr Einfahrt in die Gatun-Schleusen. 10.45 Uhr Ausfahrt aus den Gatun-Schleusen. 17.40 Uhr Einfahrt in die Miraflores-Schleusen. 19.05 Uhr fest an einer Boje im Balboa-Yachtclub. 19.10 Uhr Lotse von Bord. Vom Yachtclub in Cristobal bis zum Yachtclub in Balboa 46 sm zurückgelegt.«

Am schwierigsten sind bei dieser Kanalfahrt die Gatun-Schleusen. Hier wird (in 3 Stufen) ein Höhenunterschied von 26 m überwunden. »Paloma« kann dabei an einem Schlepper festmachen, also relativ einfach mit diesem aufschwimmen. Die Wirbel durch das schnell einströmende Wasser sind jedoch so stark, daß

Rechts: Während des Südsommers bestimmt ein weitflächiges Hochdruckgebiet über dem Ostteil des Südpazifiks das Wetter, doch ist der Luftdruckunterschied zum Tief mit seinem Kern über den Südseeinseln gering. Leichte Winde im »Stillen Ozean« sind die Folge.

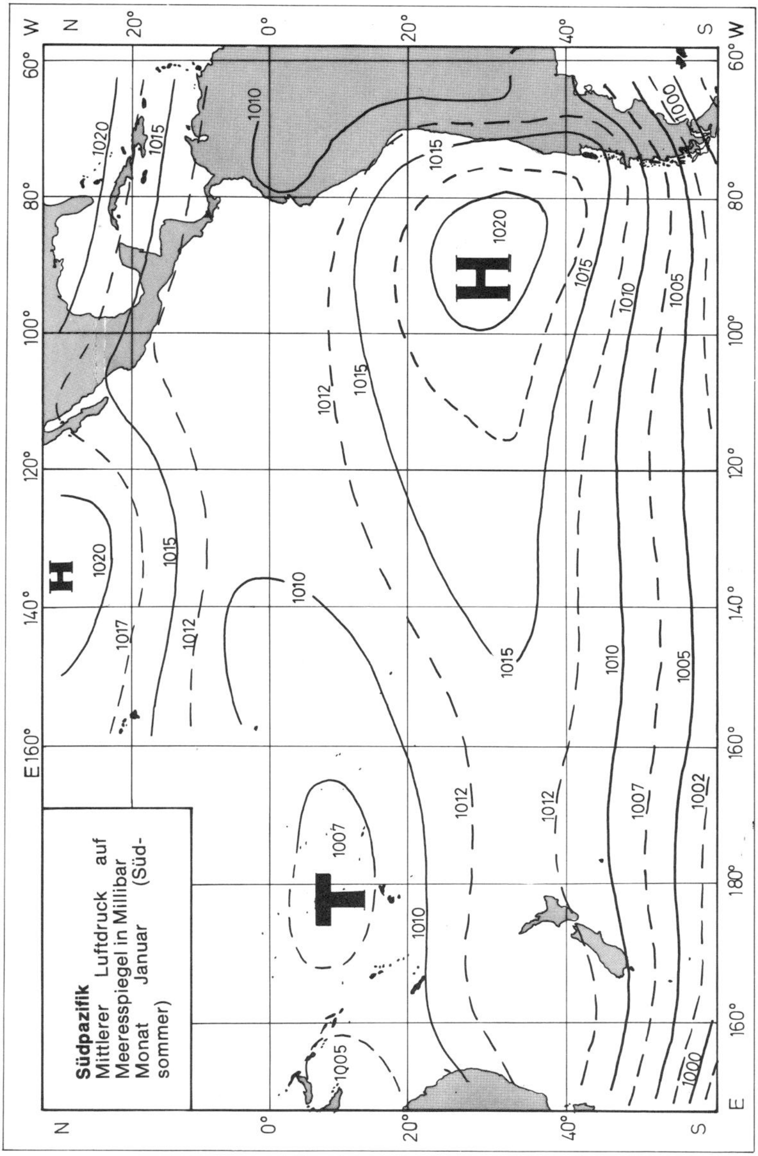
Südpazifik
Mittlerer Luftdruck auf Meeresspiegel in Millibar
Monat Januar (Süd-sommer)
H
T
1020
1017
1015
1012
1010
1007
1005
1002
1000
E 160°
140°
120°
100°
80°
60° W
180°
160°
N
S
E
W
0°
20°
40°

der dickste Fender zwischen Schlepper und »Paloma« dabei plattgedrückt wird und seine Luft verliert.

Zum Abschied werden Geschenke gewechselt. Roy Wildman schenkt dem »Paloma«-Skipper seinen Hut, den er ständig trug und eigenhändig aus Segeltuch genäht hatte, mit einem von Frau Helen gehäkelten Band. Jörgen Meyer revanchiert sich mit der Übersichtskarte »Sailing Ship Routes of the World«, die der Amerikaner nirgendwo bekommen konnte und die auf der »Paloma« in zwei Exemplaren vorlag, sowie einem Buch über alte Segelschiffskonstruktionen – denn Roy ist Schiffbauer.

In Balboa kauft Jörgen Meyer Pilot Charts vom Südpazifik und vom Indischen Ozean, denn die vom DHI herausgegebenen Monatskarten weichen in wesentlichen Angaben von den amerikanischen Monatskarten ab. Dann klariert »Paloma« bei der Einwanderungsbehörde und dem Hafenmeister aus und legt am Sonnabend, dem 27. November 1971, um 07.45 Uhr unter Segeln und ohne Motor von der Boje am Balboa-Yachtclub ab. Außerhalb des Fahrwassers fährt der deutsche Seekreuzer am Tonnenstrich entlang und dann auf den Pazifik hinaus.

Start zum 8700 sm entfernten Ziel – eine Langfahrt von Kontinent zu Kontinent

Es ist zu dieser Jahreszeit schwierig, die Panamabucht nach Westen zu verlassen: Es herrscht meistens Flaute, und ein starker Strom treibt die Boote dabei wieder auf die Küste zurück. Da es zum Ankern zu tief ist, wirft Jörgen den Jockel an und läßt »Paloma« drei Stunden lang mit Westkurs ablaufen. Nach einer langen Flautendümpelei kann er erst am nächsten Morgen um 04.10 Uhr bei schwachem Südostwind wieder das Großsegel und die Genua setzen. Aber trotzdem geht es weiter, mühsam auf Kreuzkursen bei südlichen bis südwestlichen Winden in südwestlicher Richtung. Es regnet oft. Die Sonne ist selten zu sehen. Auch liegt die

Rechts: Die Linien gleicher Lufttemperatur im Tagesmittel zeigen, daß im Pazifischen Tiefdruckgebiet (Vgl. Seite 55) tropische Hitze herrscht. Die Gebiete mit Temeraturen über 27° C bieten gleichzeitig die Voraussetzungen für das Entstehen tropischer Wirbelstürme – außer in Äquatornähe, wo der Kurs der »Paloma« verlief.

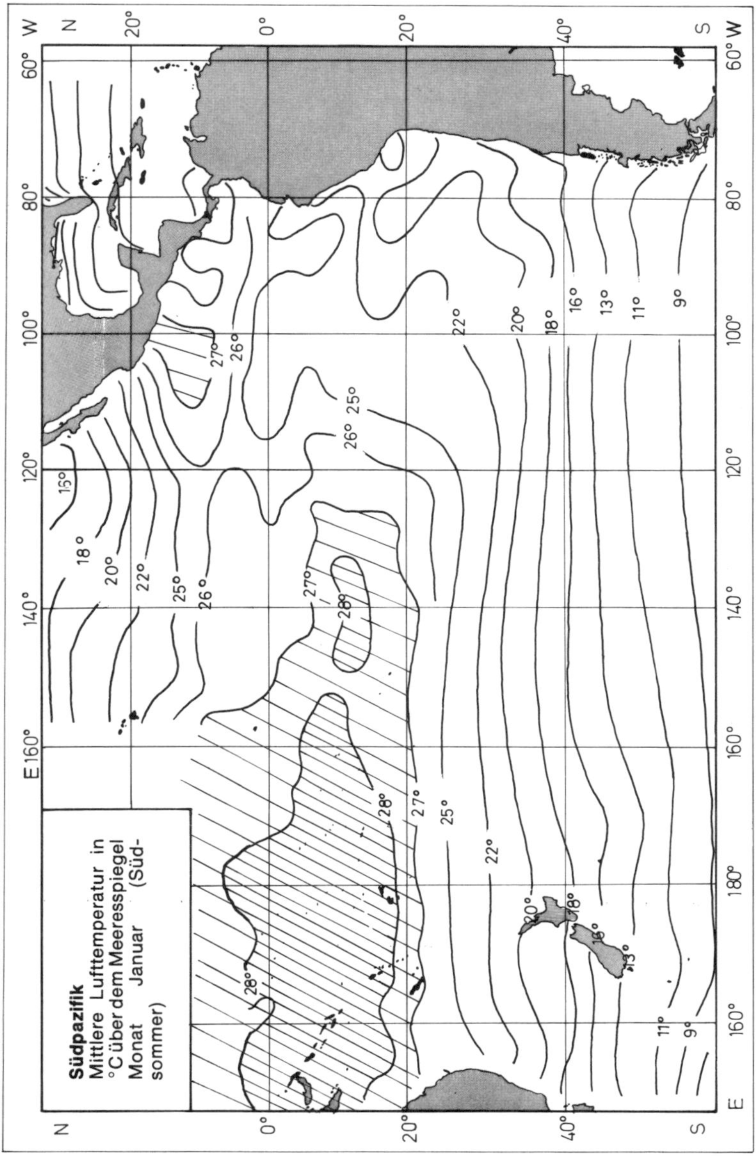

Südpazifik
Mittlere Lufttemperatur in °C über dem Meeresspiegel Monat Januar (Südsommer)

Insel Malpelo im Wege, und der Funkpeiler muß eingesetzt werden, um sich vom Schiffahrtstrack freizuhalten.

Am 10. Dezember 1971 liegen die Galapagos-Inseln im Kielwasser. Nach den »Sailing Ship Routes« sind sie in den Monaten Juni bis Januar nördlich zu umgehen, und »Paloma« kommt mit Südwind und auf Westkurs ab 5. Dezember bei Bft. 3 bis 4 gut voran. 136, 138, 127 und 148 sm betragen die Etmale, bei denen schon der kühle Humboldtstrom, der hier in den Südäquatorialstrom einmündet, schieben hilft. Er sorgt auch dafür, daß die Temperatur hier angenehmer als im Karibischen Meer ist. Die Luft ist nicht schwül. Sie hat 25 bis 28° C, aber der Himmel ist meistens bedeckt. Es regnet viel, und die Sonne läßt sich nur selten schießen. Eindrucksvoll das nächtliche starke Meeresleuchten.

Das nächste Ziel sind jetzt die Marquesas-Inseln, die ca. 2600 sm voraus liegen. Das südlichste Eiland dieser Gruppe, Fatu Iva, erstreckt sich bis ca. 10° 35′ S und soll an Steuerbord bleiben. Eine lange, eintönige Zeit liegt vor dem einsamen Mann an Bord: Keine Inseln und kein Schiffsverkehr sind in den nächsten 4 Wochen zu erwarten. Sind es langweilige Tage?

Nun, wer das Alleinsein als Qual empfindet und bei dem Lebensraum an Bord einer kleinen Yacht nur daran denkt, daß er nicht größer als eine Gefängniszelle ist, wird einen kostbaren Lebensmonat nicht auf einer Nußschale im Pazifik verbringen wollen. Wer aber jeden neuen Sonnenaufgang auf See als ein unvergeßliches Erlebnis empfindet und am Tag oder in der Nacht schauend oder sinnierend in der Plicht sitzen kann, um sich am immer neuen Farbenspiel der Elemente zu erfreuen oder seinen Blick zum Sternenhimmel zu erheben, der wird das Leben an Land mit Gesellschaften und Fernsehen, Wohnkomfort und Bedienung, Ortswechsel und Kurzweil gern entbehren. Im Gegenteil, für ihn wird das große Glück in den kleinen Freuden liegen, die das Bordleben bietet, auch wenn einige Ereignisse zwar nicht gefährlich, aber doch wenigstens unerfreulich sind:

Am 11. Dezember beißt ein Hai das Schlepplog ab. Es ist

Rechts: Die Balken geben die vorherrschende Windrichtung, die Ziffern daneben in den Kreisen Prozentzahlen an: Ganz innen die Anzahl der Beobachtungen (oben) und die Prozentzahl der Flauten (unten), in den Kreisen von innen nach außen dann Bft. 2 bis 3, Bft. 4 bis 5, Bft. 6 bis 7 und Bft. 8 bis 12. Die Zahlenkästen fassen die Windstärken zusammen.

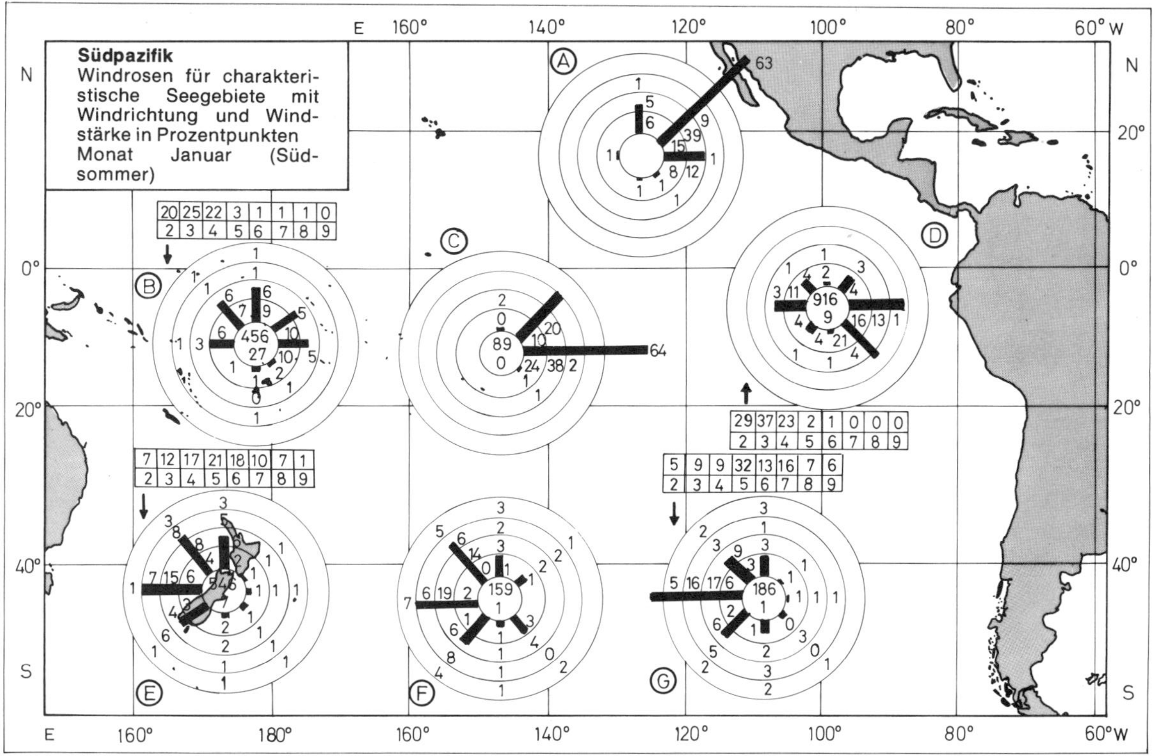
Südpazifik
Windrosen für charakteristische Seegebiete mit Windrichtung und Windstärke in Prozentpunkten Monat Januar (Südsommer)
A
B
C
D
E
F
G
20 25 22 3 1 1 1 0
2 3 4 5 6 7 8 9
7 12 17 21 18 10 7 1
2 3 4 5 6 7 8 9
29 37 23 2 1 0 0 0
2 3 4 5 6 7 8 9
5 9 9 32 13 16 7 6
2 3 4 5 6 7 8 9
N
S
0°
20°
40°
E 160° 140° 120° 100° 80° 60° W
E 160° 180° 160° 140° 120° 100° 80° 60° W

bereits das zweite Log, das verlorengeht. Ein neues Patentlog wird nicht ausgebracht. Die letzte Reserve bleibt für die schwierigen Gewässer der Torresstraße und für die Nordsee.

In der gleichen Nacht passiert ein Fischdampfer in 3 sm Abstand. Er holt dabei seine Netze ein. Gut, daß »Paloma« auch in dieser einsamen Gegend wie bisher ein weißes Licht zeigt und die Ankerlaterne dazu bereits bei Dämmerungsbeginn angezündet worden war.

Am 12. Dezember wird der Äquator übersegelt, mit einem Etmal von 158 sm. Das ist eine Durchschnittsgeschwindigkeit von 6,6 kn. Jörgen Meyer zweifelt selbst an dieser schnellen Fahrt bei relativ leichtem Wind. Aber als auch der nächste Tag bei noch geringerer Brise 134 sm bringt, vertraut er seinen Schiffsorten. Der Strom schiebt kräftig, mit mindestens 1 kn!

Am 16. Dezember 1971, Jörgen Meyers 65. Geburtstag, schenkt Neptun sogar ein Rekord-Etmal von 172 sm. Diese Durchschnittsgeschwindigkeit von 7,2 kn erreicht »Paloma« zuerst unter Großsegel und Genua und dann nur unter Vorsegel allein, nachdem bei Bft. 6 aus Süden mehrere Brecher ins Cockpit eingestiegen waren.

Am 21. 12. ist die Breite 10° 36′ S erreicht, auf der die Südspitze der südlichsten Marquesas-Insel liegt. Jetzt geht »Paloma« auf reinen Westkurs, mit ausgebaumten Passatsegeln und der ausgebaumten Genua. Das gereffte Großsegel dient teilweise noch zusätzlich zum Stützen der Rollbewegungen. »Am Abend dieses Tages hatte ich wieder Delphin-Besuch«, vermerkt das Logbuch, »und zwar durch eine Springgruppe. Andere Delphine springen auch von Zeit zu Zeit mal aus dem Wasser, aber dieser Trupp machte das fast dauernd. Mir fiel das unentwegte Springen schon auf, als der Trupp noch eine halbe Seemeile entfernt auf entgegengesetztem Kurs schwamm. Plötzlich müssen die klugen Tiere ›Paloma‹ geortet haben, denn sie änderten den Kurs und kamen zu mir, um eine halbe Stunde lang ihre Sprungkünste an der Bordwand vorzuführen. Leider konnte ich nicht fotografieren, weil es zu dunkel war.«

Die im äußeren Kreis der Abbildung Seite 59 genannten Sturm-Prozentwerte für die entsprechenden Seegebiete sind hier (als 100 %) noch einmal mit Bft. 8, 9, 10 und 11 in entsprechenden Kreisen sinngemäß spezifiziert.

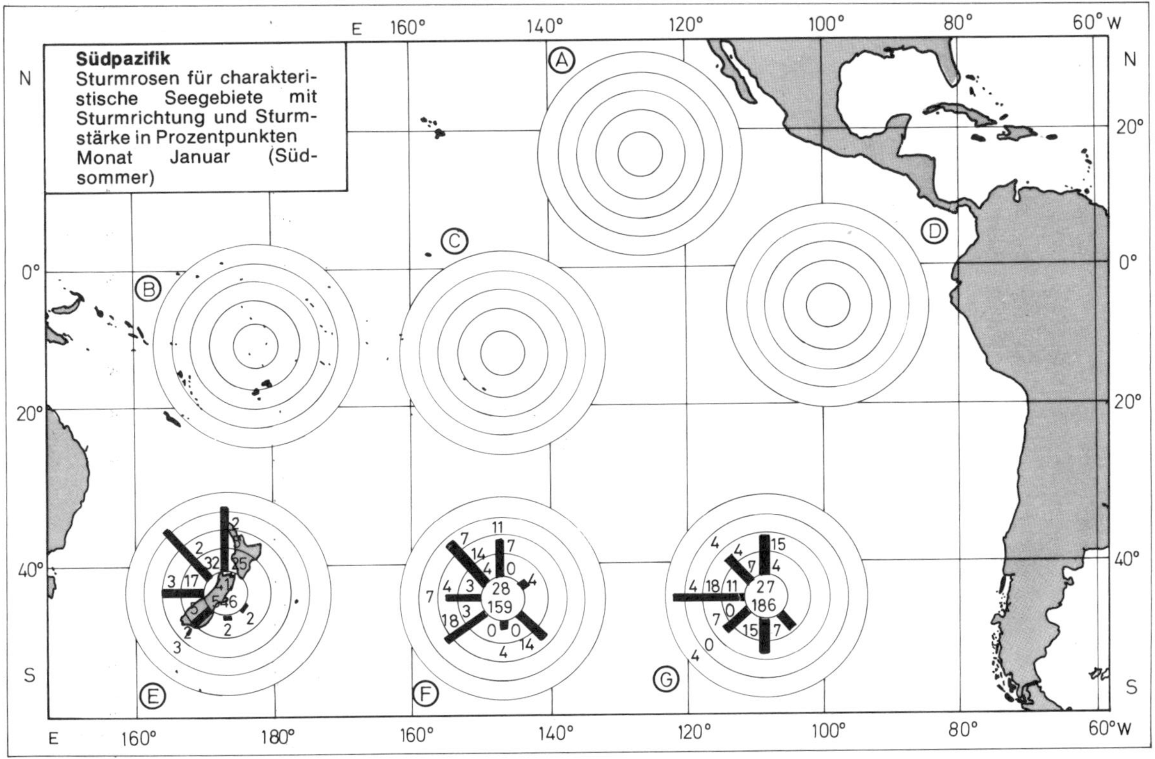
Südpazifik
Sturmrosen für charakteristische Seegebiete mit Sturmrichtung und Sturmstärke in Prozentpunkten Monat Januar (Südsommer)
E 160° 140° 120° 100° 80° 60° W
N 20° 0° 20° 40° S
A
B
C
D
E
F
G
E 160° 180° 160° 140° 120° 100° 80° 60°W

Weihnachten mutterseelenallein im Pazifik

Weihnachtsmusik bringen die Radiosender am 24. Dezember auch in den Pazifik. Das schönste Weihnachtsgeschenk für den »Paloma«-Skipper: Er kann am Morgen um 05.00 Uhr zum ersten Mal den hellsten Stern im Kreuz des Südens mit dem Sextanten schießen. Leider ist das Etmal nicht »weihnachtsmäßig«, nur 91 sm. Der Wind wechselt oft in Richtung und Stärke, aber dennoch beträgt die Fahrt 4 kn. Und wie feiert ein Einhandsegler mutterseelenallein im Pazifik Weihnachten? Jörgen Meyer erzählt:

»Den Heiligen Abend habe ich den Umständen entsprechend festlich begangen. Sauber gewaschen und rasiert und mit frischer Wäsche setzte ich mich zum Dinner. Es gab mein Leibgericht, Kohlrouladen. Vorweg eine Jägersuppe und hinterher Ananas mit Kondensmilch. Dazu hatte ich eine Kerze angezündet, die mir meine Frau mitgegeben hatte. Ich dachte an die Lieben zu Hause und malte mir aus, wie schön es sein wird, wenn ich Weihnachten 1972 wieder mit meiner Frau unter einem Christbaum sitzen würde.

Für diesen Abend hatte ich mir eine Flasche Rotwein aufgehoben. Damit trank ich auf das Wohl meiner Frau, unserer vier Kinder, vier Schwiegerkinder und neun Enkelkinder, und zwar auf jeden einzeln. Ich mußte also 18 Namen aufrufen und jedem zuprosten. Anschließend kam ein Schluck auf Neptun und einer auf ›Paloma‹. Sie hatte mich heil bis hierher gebracht und würde mich auch wieder in die Heimat zurückbringen.

Dabei brannte friedlich über dem Cockpit die Ankerlaterne. Aber ich wußte, daß auf dieser Fahrt auch weniger friedliche Tage kommen würden. Viel hängt bekanntlich von Neptun ab, dem ich auch selbst einen Schluck ins Meer goß. ›Paloma‹ hatte an diesem Tage gerade den 120. Längengrad überschritten, also ein Drittel des Erdumfanges gesegelt. Zum Feiern war Grund genug vorhanden. Die Stimmung wurde immer besser und die Flasche natürlich leer, obwohl ich jedem einzelnen Mitglied unserer Großfamilie nur einen kleinen individuellen Schluck widmete.«

Rechts: Nur in diesen Gebieten gibt es Niederschläge in Verbindung mit den durch schwarze Balken angegebenen Windrichtungen und in Prozentpunkten. Die weißen Balken zeigen geringere Häufigkeit an.

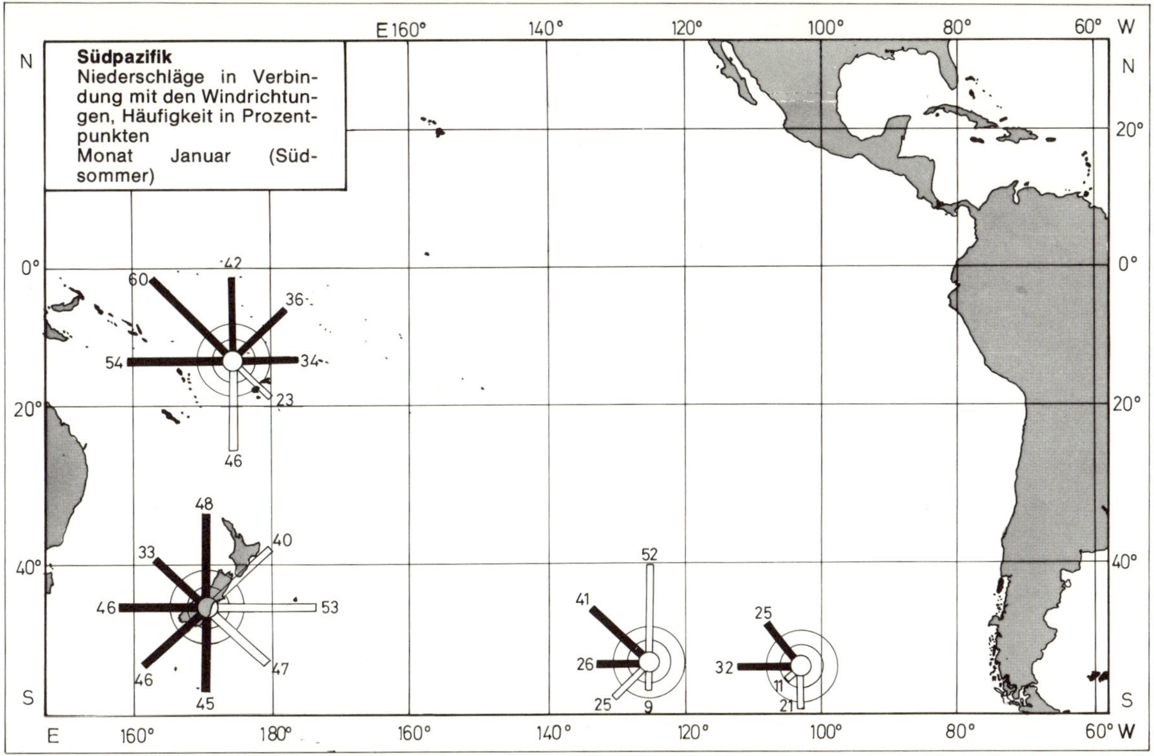
Südpazifik
Niederschläge in Verbindung mit den Windrichtungen, Häufigkeit in Prozentpunkten
Monat Januar (Südsommer)
E 160°
140°
120°
100°
80°
60° W
N
20°
0°
20°
40°
S
E
160°
180°
160°
140°
120°
100°
80°
60° W
42
60
36
54
34
23
46
48
33
40
46
53
46
47
45
52
41
26
25
9
25
32
11
21

Auch den Jahreswechsel feiert Jörgen Meyer um Mitternacht im Cockpit, den Blick zu den Sternen der Südhalbkugel gerichtet, zu Acrux im Kreuz des Südens, zu Canopus, dem zweithellsten Stern nach Sirius, und zu Achernar, die alle zwar für die Breitenbestimmung wichtig sind, aber jetzt nur wegen ihrer stillen Schönheit bewundert werden. Nach alter Tradition wird das neue Jahr mit Sekt begrüßt und der Beschluß gefaßt, den alten Bestand an Leuchtpistolen-Munition zu Silvester dieses gerade erst begonnenen Jahres 1972 im heimatlichen Unterpfaffenhofen in die Luft zu jagen – damit der Bestand nicht überaltert.

Aber die Gedanken des einsamen Seglers beschäftigen sich auch mit ernsteren Problemen: Jörgen Meyer liest gerade das Buch von Friedrich Hacker »Aggression – die Brutalisierung der modernen Welt«. Ihn beschäftigt die Frage, wie man einen neuen Weltkrieg verhindern kann, und er nimmt sich vor, zu diesem Problem nach seiner Rückkehr einmal schriftlich Stellung zu nehmen. Man kommt zu sich selbst und benötigt gute Bücher, mit denen sich die Gedanken beschäftigen können, wenn man sie nicht anderen im Gespräch mitteilen kann. Dazu bleibt viel Zeit an Bord, mehr als an Land.

Am 2. Januar passiert »Paloma« die südlichste Insel der Marquesas-Gruppe. Aber sie bleibt in so großem Abstand, daß Fatu Iva nicht gesichtet werden kann. Von Balboa aus ist Jörgen Meyer jetzt 36 Tage unterwegs, und das Durchschnittsetmal von 114 sm ist außergewöhnlich gut. »Wenn jemand den Atlantik auf der üblichen Route von Gran Canaria nach Barbados überquert«, schreibt er in seinem Tagebuch, »dann benötigt er mit einer normalen Segelyacht für diese Distanz von 2700 sm meist weniger als einen Monat. Er kann dann mit Recht stolz sein, einen Ozean bezwungen zu haben. Im Pazifik sind die Entfernungen größer, man muß Geduld haben. ›Paloma‹ hatte seit Balboa schon über 4000 sm zurückgelegt, die eineinhalbfache Distanz einer Atlantik-Überquerung – aber dabei hatte sie noch nicht einmal die Hälfte des Pazifiks geschafft.«

Fast alle Südseesegler machen bei den Marquesas Station: Einmal sehnen sie sich nach 6 Wochen Fahrt und dem so langen Leben auf einer schiefen und schwankenden Ebene nach festem Boden unter den Füßen. Zum anderen wollen sie natürlich Land und Leute auf diesen paradiesischen Inseln kennenlernen, von denen weltweit berichtet und gesungen wird. Jörgen Meyer aber

Nautische Tips für Blauwassersegler

Tip 7:

Jeder Zeitplan für eine Weltumseglung, insbesondere für eine unverzügliche Fahrt mit wenigen Aufenthalten und somit nicht »schnell« im Sinne eines Rekordversuches, sondern nur aus Zeitgründen, muß ein Kompromiß sein: Wer (wie Jörgen Meyer in der »Paloma«) am 8. September in der Elbmündung startet, findet in der Nordsee, dem englischen Kanal und der Biskaya günstige Wetterverhältnisse vor, weil die Sturmgefahr dann, weit vor dem Herbstanfang, noch nicht groß ist. Für das direkte Anlaufen von Westindien und das Durchsegeln der Karibischen See ist jedoch diese Startzeit zu früh, wenn man gleichzeitig auf dem kürzesten Weg durch das Passatgebiet zum Panamakanal segeln würde. Wenn man nämlich Anfang Oktober das Passatgebiet erreicht, ist dort die Hurrikan-Saison noch nicht ganz beendet. Sicherer wird diese Kurswahl, wenn man von 40° westlicher Länge zunächst seinen Westkurs nicht nördlicher als 13° nördlicher Breite hält und in der Karibik weitgehend nahe an der Nordküste Südamerikas bleibt. Dann umsegelt man das Hurrikan-Gebiet sowohl im Osten wie im Süden, weil die Nordküste von Venezuela und Kolumbien nach dem Westindien-Handbuch des Deutschen Hydrographischen Instituts ganzjährig frei von Wirbelstürmen ist. Die Navigation ist in Küstennähe dann zwar durch die Dampfertracks schwieriger, aber die Hurrikan-Gefahr besteht nicht mehr.

Tip 8:

Seekarten sind teuer, und bei einer Weltumseglung muß man eine Vielzahl von ihnen an Bord haben, auch wenn man nur wenige Häfen anlaufen will: Ozeankarten mit sehr kleinen, Übersichtskarten mit kleinen und Segelkarten mit normalen Maßstäben, dazu die Küstenkarten mit größeren Maßstäben für einen Landfall an den vorgesehenen Punkten. Aus Gründen der Sicherheit empfiehlt es sich jedoch, auch Seekarten jener Gebiete an Bord zu haben, die man zwar nach Plan passieren will, aber bei Havarien als Notstopp erreichen müßte, dazu natürlich die entsprechenden Ozean- und Seehandbücher des Deutschen Hydrographischen Instituts.

läuft an diesen Eilanden vorbei. Er hat nach seinem Plan noch nicht einmal die Hälfte der Distanz und seiner Segelzeit geschafft. Aber die Fahrt wird jetzt schwieriger werden, denn alle zahlreichen kleinen Inseln, die auf seinem Kurs liegen, müssen umsegelt werden – die Navigation muß peinlich genau erfolgen, und der Schiffsort muß immer stimmen.

Auch der Passat wird jetzt unzuverlässiger und schwächer werden, vielleicht sogar einige Tage ganz ausbleiben. Die Pilot Charts der Amerikaner geben für die Samoa-Inseln durchschnittlich 20 Flautentage im Monat an. Die »Paloma« muß nach Norden ausweichen, um nicht in die schlimmsten Flautengebiete zu kommen. Dabei wird sie gleichzeitig den tropischen Wirbelstürmen entgehen, die hier schon südlich des 10. Breitenparallels manchmal auftreten können und (im Gegensatz zu den »Hurrikans« vor Amerika) Zyklone genannt werden. Das Ausweichen nach Norden bedeutet dazu noch einen Umweg; denn in der Korallensee muß »Paloma« später wieder auf ungefähr die gleiche Südbreite von 12° hinuntergehen, wenn sie sich vom Louisiade-Archipel freihalten will.

Das Logbuch verzeichnet flaue Winde, Regen und eine kräftige Dünung, die gewöhnlich eine andere Richtung als der Wind hat. Daher kommt es auch, daß die Brandung an der Luvseite der meisten Pazifikinseln, wo der Passatwind einfällt, längst nicht so stark ist wie an der Leeseite, wo sich die vom Südpazifik anrollende Dünung bricht.

Am Abend des 4. Januar 1972, als Jörgen Meyer schon wach in seiner Koje liegt und gerade aufstehen will, um routinemäßig an Deck nach dem Rechten zu sehen, bricht plötzlich von einer Sekunde zur anderen eine schwere Regenbö mit Beaufort 7 und sintflutartigem Regen über die »Paloma« herein. Der Skipper stürzt an die Pinne, um das Boot genau vor dem Wind zu halten – die Selbststeuerung schafft es nicht mehr. Auch die beiden ausgebaumten Passatsegel sind zu viel Segelfläche – aber jetzt Segel bergen? Der Skipper vertraut darauf, daß die Bö nicht lange wehen wird, und »Paloma« macht brausende Fahrt. Ehrgeizig versucht sie, die Zuggeschwindigkeit der Böenfront mitzuhalten – zwei Stunden lang. Aber währenddessen das Boot im Regen auf Kurs zu halten, ist nicht einmal in den Tropen angenehm. Endlich birgt der Skipper doch die Genua und stellt dabei fest, daß der Spinnakerbaum-Aufholer beschädigt ist und erneuert werden

Nautische Tips für Blauwassersegler

Tip 9:

Jörgen Meyer sichtete auf seiner Fahrt vom Panamakanal nach Neu-Guinea 41 Tage lang kein Fahrzeug. Trotzdem war es für ihn keine Sensation, als ihn der erste Dampfer mit Lichtern in der Abenddämmerung nur in einem Abstand von 3 sm auf Gegenkurs passierte: Er hatte mit dieser Möglichkeit gerechnet, weil der Dampfertrack Sidney–San Francisco nahe an seinem Standort vorbeiführte. Am nächsten Morgen näherte sich ein kleiner japanischer Fischdampfer sogar auf weniger als 100 m. Das Deutsche Hydrographische Institut gibt mit seinen Seekarten auch spezielle »Wegekarten« heraus, auf denen die Schiffahrtstracks (meistens die Großkreise zwischen den Ausgangs- und Endhäfen) eingezeichnet sind. Die Schiffe folgen ihnen (auch schon aus ökonomischen Gründen) oft mit erstaunlicher Präzision. Aus Sicherheitsgründen sollte der Einhandsegler diese Schiffahrtstracks kennen und sich an ausländischen Seekarten informieren, wenn deutsche Seekarten für diese Gebiete nicht oder nicht genau genug bzw. nur ohne die Schiffahrtstracks vorliegen.

Tip 10:

Die »Sailing Ship Routes of the World« geben leider nur die Schiffahrtslinien an, die zur Zeit der Großsegler und für den Transport von Personen und Gütern benutzt wurden. Sie enthalten z. B. nicht den Weg durch die Torresstraße zwischen Neuguinea und der Nordküste von Australien, auf dem, von Westen kommend, zahlreiche Inselgruppen vorgelagert sind. Hier können die amerikanischen »Pilot Charts« helfen, die für die Samoa-Inseln durchschnittlich 20 Flautentage im Monat Dezember angeben, oder die britischen »Routeing Charts« mit ähnlichen Angaben. Der Weg der »Paloma« wurde hier zuerst nach Norden, zum Äquator hin gewählt, um den schon manchmal südlich von 10° S auftretenden Zyklonen zu entgehen. Das Ausweichen nach Norden bedeutet allerdings einen Umweg, weil man später in der Korallensee wieder südlicher bis ca. 12° S halten muß, um vom Louisiade-Archipel freizubleiben – einen Umweg aus Sicherheitsgründen!

muß. Das wird am nächsten Tage eine kleine Kletterpartie zur Saling hinauf bedeuten, aber mit der fest installierten Drahtseilleiter wird das Aufentern nicht schwierig werden.

»Daß mich die Regenbö überrascht hatte, war natürlich meine eigene Schuld«, gesteht Jörgen Meyer in seinem Logbuch. »Man sieht die Regenwolken kommen, wenn man sich oft genug draußen umsieht. Aber die ›Nachtschicht‹ war noch nicht beendet: Um 04.00 Uhr früh war der Wind so weit abgeflaut, daß ich das Großsegel setzte. 40 Minuten später mußte ich es leider wieder bergen, denn der Wind war nun so schwach geworden, daß das Segel in der Dünung hin und her schlug. Um 06.00 Uhr barg ich auch das Passatsegel, denn jetzt war absolute Flaute mit starker Dümpelei. Erst um 10.00 Uhr konnte bei N 2 mit halbem Wind wieder gesegelt werden.«

Das Wetter ist inzwischen tropisch geworden. Der kalte Humboldtstrom ist längs des Äquators aufgewärmt worden. Die Wassertemperaturen liegen oft sogar über 30° C. Australien rückt allmählich näher. Die australischen Rundfunksender lassen sich schon besser empfangen als die amerikanischen.

Am 7. Januar reißt bei einem Segelmanöver die Genua an 3 Stellen ein. Die fast 2 Meter langen Risse müssen geklebt und vernäht werden; dabei hilft ein spezieller Kontaktkleber, der auch für spätere hohe Beanspruchungen die beschädigten Stellen so sicher wie eine Naht verbindet.

Am 8. Januar passiert »Paloma« die kleinen Inseln Caroline und Vostok außerhalb optischer Sichtweite. Auch in den nächsten Tagen bleiben andere Inseln jenseits des Horizontes, und nur am 17. Januar gibt es ein Ereignis: Eine neue Seekarte wird aufgelegt, der westliche Teil des südlichen Stillen Ozeans im Maßstab 1 : 7 000 000, die vom jetzigen Schiffsort bis nach Port Darwin in Australien reicht. »Es blieb mir nichts anderes übrig, als daraus den Schluß zu ziehen«, sagt Jörgen Meyer, »daß es bis Port Darwin noch ein weiter Weg war und ich erst die Hälfte des Pazifiks hinter mir hatte.« Auf der Karte »Südlicher Stiller Ozean, östlicher Teil« war eine Distanz von 4497 sm ab Galapagos-Inseln bis zum Kartenwechsel eingetragen – immerhin ein durchschnittliches Etmal von 121 sm.

In den nächsten Tagen weht Ostwind 1–4, und wenn trotzdem noch 90 bis 138 sm für ein Etmal verbleiben, dann gehen mindestens 10 sm, aber wahrscheinlich mehr auf das Konto des Schiebe-

Technische Tips für Blauwassersegler

Tip 11:

Die elektrische Energie fällt im allgemeinen nur aus, wenn man sich nicht darum kümmert. Keilriemen der Lichtmaschine und andere ersetzbare Verschleißteile gehören zu den Verbrauchsstoffen und sollten, da sie ohnehin wenig Platz wegnehmen, nicht nur mit einem einzigen ersetzbaren Teil an Bord sein. Ein transportabler Generator ist aufwendig, aber empfehlenswert. Andere Möglichkeiten, die Batterien aufzuladen, sind ein Wellengenerator, der vom Propeller und über die Schwanzwelle angetrieben wird, ein Schleppgenerator, der elektrische Energie nach dem Prinzip eines vergrößerten Schlepplogs erzeugt, und ein Windflügelgenerator, der die Windenergie, die die Segelkraft zur Fahrt erzeugt, auch für die Speisung der elektrischen und elektronischen Geräte verwertet. Man arbeitet nachts auf dem Vorschiff beim Licht der Salinglampen sicherer als im Dunkeln, und ein Topplicht ist auf dem Mast weiter zu sehen als eine nur auf halber Höhe am Vorstag aufgehängte Rundum-Petroleumlaterne. Radiotelefon und Funkpeiler können lebenswichtig sein; sie verbrauchen aber genauso viel Strom beim Betrieb wie ein Kühlaggregat, das man auch in der Kombüse eigentlich nicht missen möchte. Als Sammler der elektrischen Energie sollte man immer zwei Batterien ausreichender Leistung an Bord haben.

Tip 12:

Besonders bei Gewitter ist der Funkverkehr gestört, und die zur Navigation notwendigen oder günstigsten See- oder Flugfunkfeuer, die weiter entfernt sind, kann man dann nicht mehr zur Funknavigation benutzen. Oft liegen die zuständigen Küstenfunkstellen näher und günstiger, aber sie senden dann nur auf Antrag (mit Hilfe von Sprechfunk). Bei der Auswahl der Sendestärke für den Bordsender ziehe man nicht nur den üblichen Boot-zu-Boot- oder Boot-zu-Land-Verkehr (bei optischer Annäherung) in Betracht, sondern auch die Möglichkeiten der Anforderung von See- oder Flugfunkfeuern für die Navigation und entscheide sich im Zweifelsfalle für den leistungsstärkeren Sender mit größerer Reichweite.

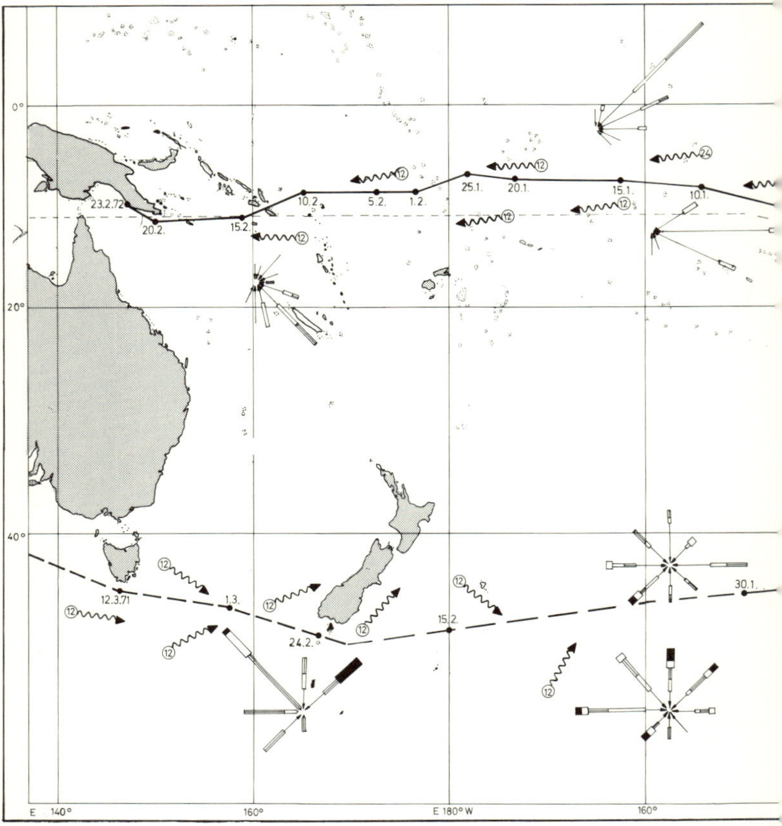

Der Kurs der »Paloma« durch die Südsee (schwarze Linie), der am 26. 11. 1971 am Panamakanal beginnt und am 23. 2. 1972 bei Port Moresby endet. Jörgen Meyer bewältigte diese Distanz von 8728 Seemeilen in 87 Tagen. Sein Durchschnittsetmal betrug 100 Seemeilen, seine Durchschnittsgeschwindigkeit während 2080 Segelstunden 3,84 Knoten. Eingezeichnet sind die Windrosen nach dem Darstellungsprinzip der englischen Routeing-Charts für die entsprechenden Zeiten und Gebiete sowie die Stromrichtung und die mittlere Stromversetzung in Seemeilen pro Etmal, die zwischen 18 und 36 sm beträgt. »Paloma« nutzte raume Winde mittlerer Stärke auf ihrem Weg durch die hurrikanfreie Zone südlich des Äquators aus. Sie hielt sich immer in der Tropenzone der Schiffahrt auf.

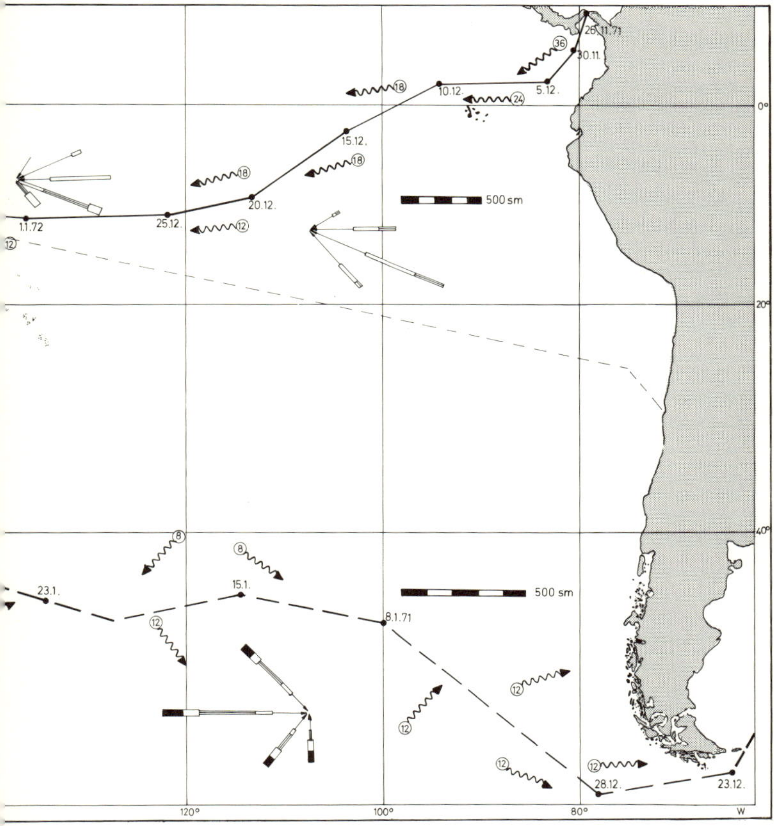

Gestrichelt ist zum Vergleich der Kurs der »British Steel« mit Chay Blyth eingetragen: Er brauchte von Kap Horn, das er am 26. 12. 1970 passierte, bis zur Südspitze Tasmaniens (auf ungefähr gleicher Länge wie Port Moresby), wo er am 12. 3. 1971 stand, »nur« 76 Tage und war somit anscheinend schneller als Meyer. Dies ist jedoch eine optische Täuschung der Mercatorprojektion, wie es auch die Maßstablatten auf den geographischen Breiten zeigen: Die Blyth-Distanz beträgt nur 5200 Seemeilen, sein Durchschnittsetmal nur 68 sm und die Reisegeschwindigkeit nur 2,85 kn – bedingt auch durch die ungünstigeren Wind- und Strombedingungen, die ebenfalls für seine Kurslinie und die Zeiten und Gebiete eingezeichnet sind.

stromes, der mit nach Westen setzt. Durch den schwachen Wind wirkt sich die Sonnenhitze stärker aus. Das Deck ist so heiß, daß man mit nackten Füßen nicht stehen oder gehen kann, nicht einmal in der Plicht. Eine Fußmatte dient hier als Standfläche.

Am 20. 1. wird zum letztenmal vor der Datumslinie die Borduhr um eine Stunde zurückgestellt. Die Tokelau-Inseln liegen jetzt schon Backbord achteraus, und »Paloma« segelt auf 172° 30′ W in die nächste Zeitzone hinein. Die Differenz gegenüber mittlerer Greenwichzeit beträgt jetzt genau 12 Stunden. In Deutschland ist es Abend, wenn hier die Sonne aufgeht.

Nach 41 Tagen noch kein Land in Sicht – aber wenigstens ein Dampfer

Am nächsten Tag gibt es eine kleine Sensation: Nach 41 Tagen sichtet Meyer die Lichter eines Dampfers, der ihn auf Gegenkurs in 3 sm Abstand passiert. »Paloma« kreuzt die Schiffahrtslinie Sidney–San Francisco. Das erste Lebenszeichen nach dem 11. Dezember, als Jörgen einen peruanischen Fischer vor den Galapagos-Inseln sichtete, ist am anderen Morgen ein japanischer Fischdampfer, dessen Kapitän fast bis auf Rufweite heranfährt und dann freundlich winkend verschwindet.

Ist die Langeweile tötend und die Sehnsucht nach begegnenden Schiffen groß? Jörgen Meyer verneint beides: »Die Zeit vergeht schnell an Bord, weil man immer beschäftigt ist. Vor mir liegt eine Liste der Sonderarbeiten. Wenn einer von den zur Zeit 23 Punkten erledigt ist und gestrichen werden kann, hat sich meist schon wieder eine neue Arbeit ergeben, so daß ich wahrscheinlich bis zur Ankunft in Travemünde nicht alles geschafft haben werde. Die laufenden täglichen Arbeiten sind Ausguck, Segelbedienung, Kursregulierung bei Tag und Nacht, ferner astronomische Navigation, Logbuch und Tagebuch. Auch Kochen, Essen und Schlafen lassen für Sonderarbeiten nur wenig Zeit. Nebenbei bemühe ich mich auch, meine englischen Sprachkenntnisse aufzubessern.«

Vom 18. Januar an gibt es keinen östlichen Wind mehr. Der Südost-Passat hat die Herrschaft an den Nordwest-Monsun abgetreten. Die Luft ist schwül und der Himmel meistens bedeckt, so daß keine Schiffsortbestimmung mit der Sonne möglich ist. Damit der Koppelkurs mit der sich mehrfach am Tage schnell und gründ-

Es ist nicht jedermanns Sache, tagelang ohne Landsicht zu segeln. Für den Blauwassersegler hingegen ist es die Erfüllung aller Träume, sogar wochenlang mit der See neben und dem weiten Himmel über ihm allein zu sein. Jörgen Meyer und seine »Paloma« fühlten sich in der endlosen Weite des Ozeans wie zu Hause.

lich ändernden Fahrtgeschwindigkeit genauer gezeichnet werden kann, bringt Meyer das Schlepplog wieder aus – aber nach drei Tagen ist es abermals abgerissen, sicher wie seine Vorgängerinnen von einem Hai verspeist.

In einer schweren Regenbö aus West mit Windstärke 9 müssen am 20. Januar alle Segel geborgen werden. Dafür beschert eine andere Regenbö am 22. Januar eine dreistündige Flaute. Auch am 23. Januar gibt es einen schweren Gewittersturm aus Nordwest mit Platzregen, so daß wiederum alle Segel geborgen werden müssen. Der Blitzableiter wird eingeschaltet. Auch in der folgenden Nacht liegt »Paloma« zwischen zwei Gewittern, und erst am Morgen kann bei NW 6–7 unter Fock III wieder Fahrt aufgenommen werden.

Dann weht die holende Part des Großfalls aus und verfängt sich bei einer unerwarteten Bootsbewegung hoch in den beiden Achterstagen. Erst nach mehrstündigen Experimenten kommt das Fall wieder frei – aber das Segel selbst kann erst wieder gesetzt werden, als eine neuerliche Regenbö mit NNW 9 vorübergezogen ist. Das Etmal vom 23. zum 24. Januar beträgt nur 27 sm – ein Pechtag mit einem Minimumrekord.

Am 27. Januar passiert »Paloma« die Datumslinie beim 180. Längengrad. Ein Tag aus dem Leben Jörgen Meyers muß gestrichen werden; denn auf Dienstag, den 25. Januar, folgt unmittelbar Donnerstag, der 27. Januar. Der Einhandsegler hat die Wahl, entweder den 27. oder den 26. auszulassen und entscheidet sich dann, den Geburtstag seiner Schwiegermutter am 27. 1. zu registrieren und zu feiern:

»Sie hätte es mir mit Recht übelgenommen, wenn ich keine Gelegenheit gehabt hätte, auf ihr Wohl zu trinken«, schreibt er in sein Tagebuch. »Man kann tiefsinnige Betrachtungen daran knüpfen, daß ich den 26. Januar 1972 nie erlebt habe. Aber wenn man bei der astronomischen Navigation täglich mit mittlerer Greenwicher Zeit rechnen muß, die überall gleich gilt, sieht man die Gerechtigkeit dieser Regelung ein. Die Längengrade, die bisher westlich von Greenwich gezählt wurden, rechneten jetzt östlich von Greenwich und nahmen allmählich ab. Unwillkürlich mußte ich daran denken, wann ich wohl wieder bei 0° angelangt sein würde: Einmal im Südatlantik auf dem Weg nach West, und dann noch einmal im englischen Kanal mit Kurs Ost kurz vor der Ankunft in Deutschland.«

Seemännische Tips für Blauwassersegler

Tip 13:

Unter einem »Passatsegel« versteht man im allgemeinen zwei zwillingsgleiche Vorsegel, von denen jedes zu einer Bootsseite geschotet und durch einen »Passatbaum«, der sinngemäß ein »Spinnakerbaum« ist, ausgebaumt wird. Zwei Zwillingssegel haben den Vorteil, daß man auf einer Seite und an deren Stelle auch die (meistens beträchtlich flächengrößere) Genua setzen kann, die dann jedoch durch den (meistens längeren und daher schwereren und dickeren) Spinnakerbaum gehalten werden muß. Besonders für einen Einhandsegler ist diese Spiere schwerer und damit auch (aus Sicherheitsgründen) gefährlicher zu hantieren. Die Passatbäume werden am besten in einem festen Drehpunkt an Vorderkante Mast ungefähr in Kopfhöhe eingepickt. Der entsprechende Beschlag sollte ein horizontales und vertikales Lager besitzen, damit sich der Baum in allen Ebenen bewegen kann. Die Baumnock wird vor dem Setzen des Passatsegels mit dem Schothorn verbunden, und nach dem Niederholen des Passatsegels fällt der Baum mit seinen äußeren Teilen seitlich-vorlich wieder auf die Seereling oder sogar das Vordeck, so daß er ohne Schwierigkeiten festgezurrt oder geborgen werden kann. Praktischer ist ein Passatsegel ohne Mittelspalt, das aus einem Stück genäht ist; da der mittlere Luftspalt entfällt, zieht es auch besser. In wieweit es ein Einhandsegler handhaben kann, muß experimentell ermittelt werden.

Tip 14:

Tragbare elektrische Selbststeueranlagen mit eingebauten Kompassen sind auf Segelyachten weniger nützlich. Sie halten das Boot auf einem konstanten Kompaßkurs ohne Rücksicht auf Änderungen von Windrichtung und Windstärke – das ist nachteilig. Außerdem verbrauchen sie elektrische Energie, die an Bord nur begrenzt zur Verfügung steht. Man sollte sie, wenn überhaupt, nur als Reserve mitführen, im Zweifelsfalle aber einer zweiten Windfahnen-Selbststeueranlage den Vorzug vor einer elektrischen Steuerung (als Alternative) geben.

Jetzt lagen die Ellice-Inseln, eine neben der anderen wie auf einer Perlenkette aufgereiht, vor dem »Paloma«-Kurs. Alle sind sie flach und von Korallenriffen umgeben, und zwischen zwei von ihnen muß eine Durchfahrt gesucht werden. Ein riskantes Unterfangen, wenn der Schiffsort durch den bedeckten Himmel und die weit entfernt, erst auf den Fidschi-Inseln liegenden Flugfunkfeuer ungenau ist. Der Skipper nimmt nach einem unsicheren Funkstandort nachts vorsichtshalber alle Segel weg und läßt sich treiben, um in der Dunkelheit nicht auf eine der Inseln aufzulaufen. Bei Tage ergeben dann Standlinien mit Hilfe der schwach durch die Wolken scheinenden Sonne, daß »Paloma« noch weit ab von diesen Inseln liegt. Aber lieber einen halben Tag verlieren, als auch nur die kleinste Möglichkeit eines Risikos zum Aufbrummen eingehen!

Am 28. Januar ist es dann soweit: Um 10.15 Uhr kommt die niedrige kleine Insel Vaitupu wie erwartet an Steuerbord voraus in Sicht, und zwei Stunden später passiert »Paloma« das mit Kokospalmen bedeckte und von einem Riff umgebene Eiland in einem Abstand von 4 sm. Das erste Land seit dem 30. November des vergangenen Jahres oder nach 59 Segeltagen!

Allmählich verwünscht Jörgen Meyer auf seinem Westkurs den ständigen Westwind mit fast ununterbrochenem Regen, nicht zuletzt, weil eine Sonnenbeobachtung nicht möglich ist. Denn nur mit einem sicheren Besteck kann »Paloma« von der nächsten Inselkette der Ellice-Islands frei bleiben.

»Am 29. 1. saß ich von Mittag bis Mitternacht selbst im Cockpit, um jede der häufigen kleinen Winddrehungen auszunutzen und eventuell schnell über Stag zu gehen«, schreibt er in seinem Tagebuch. »Bei W 7–8 fuhr ich das Trysegel und Fock III, bei W 6–7 ersetzte ich das Trysegel durch das gereffte Großsegel, aber in einer Regenbö von 8–9 Bft. mußte ich dann alle Segel wegnehmen.«

Am 31. Januar überfällt ein Gewittersturm die »Paloma«, bei dem der Windmesser zum erstenmal Windstärke 11 anzeigt. Dabei kommt es auch zur ersten ernsthaften Havarie: Kurz vor Mitternacht löst sich die Backbordsaling vom Mast. Sie bleibt an dem nun losen Hauptwant hängen und schlägt wild mit dem freien Ende gegen den Mast in Höhe der Bruchstelle. Die Segel waren zu dieser Zeit schon lange geborgen, aber die Ursache liegt dennoch in einem Fehler des Skippers: Die Saling selbst war schon wochen-

Seemännische Tips für Blauwassersegler

Tip 15:

Selbststeueranlagen, von welchen Firmen sie auch immer angeboten werden, sind für Einhandsegler unbedingt erforderlich und auch für andere, mehrköpfige Besatzungen nützlich. Sie arbeiten nach dem gleichen, bekannten Prinzip, mit einer auf den scheinbaren Wind oder Bordwind eingestellten Windfahne und einem schmalen Hilfsruder direkt oder indirekt den unveränderten Kurs zum Wind zu halten. Alle Modelle sind ausreichend robust gefertigt, aber man sollte doch Ersatzteile an Bord haben. Es gibt genug unerwartete Möglichkeiten, daß bei den ca. 10000 Betriebsstunden einer Weltumseglung Havarien auftreten oder Materialteile ermüden können. Am besten ist es, eine zweite Selbststeueranlage an Bord zu haben, gleichzeitig einem vollen Ersatzteilsatz entsprechend, weil man nie weiß, welches Teil versagen und damit die ganze Anlage außer Betrieb setzen wird. Natürlich kann es auch passieren, daß die Selbststeueranlage bei schlechtem Wetter und auf ungünstigen Kursen die Kontrolle über das Boot verliert. Dies merkt der Einhandsegler auch im Schlaf; denn dann schlagen die Segel und wecken ihn, damit er an Deck Ordnung machen und das Boot wieder auf Kurs legen kann.

Tip 16:

Natürlich kann man die Sorgleine seines Sicherheitsgurtes in den Durchzug oder Handlauf der Seereling einpicken, wo er ein begrenztes Stück laufen kann, oder in Augbeschläge der Relingfüße oder des Mastes, wo der Karabinerhaken stationär befestigt ist. Strecktaue jedoch, mit ihren Endpunkten beidseits auf dem Kajütdach in Griffweite der Plicht und vorlich vor dem Mast verankerte Drahtseile, haben den Vorteil, daß der Karabinerhaken der Sorgleine einen längeren Weg zurücklegen und insbesondere ein Einhandsegler mit der einmal eingepickten Sorgleine auf dem ganzen Decksbereich von der Plicht bis zum Bugkorb sicher arbeiten kann. Auch Jörgen Meyer benutzte diese Methode der Sicherung, die ihm bei sehr bewegter See, bei starker Rollbewegung und bei sehr schneller Fahrt alle Sicherheit gab.

lang durch 2 kleine Radarreflektoren belastet, die unter dieser Backbordsaling (zur Zeit des Schadens in Lee) hingen. Sie waren aus Aluminium und hatten wenig Gewicht, aber durch ihre Angriffsfläche im Sturm belasteten sie doch das Rigg so stark, daß die Saling brechen mußte.

Jörgen Meyer birgt die beiden Radarreflektoren und legt die Saling durch Fallen und Flaggleinen fest. An Aufentern ist bei Sturm und Platzregen nicht zu denken. Das am nächsten Tag gesetzte Trysegel reicht nur mit seinem Kopf bis zum Ansatzpunkt der Unterwanten, so daß der Mast auch ohne Saling nicht überlastet wird. Bei N 5–6 macht »Paloma« noch unter dieser kleinen Segelfläche 2–3 kn Fahrt.

Auch die folgenden Tage sind trüb und bringen Gewitter und Dauerregen. Dafür dreht der Wind nach Osten, aber die von ihm erzeugte Windsee überlagert sich so ungünstig mit der alten hohen Dünung, daß die starken, ruckenden Bootsbewegungen keine Arbeit in der Takelage zulassen.

»Natürlich hätte ich inzwischen auch den Motor einsetzen können«, heißt es im Logbuch. »Aber bis Port Moresby hätte der Dieselölvorrat sowieso nicht gereicht, und ich war auch erstaunt, daß ›Paloma‹ unter den beiden kleinen Segeln noch 3–4 kn Fahrt machte, allerdings bei günstigem NNE-Wind von Stärke 5–6. Ich hatte vor, nur dann unter Motor zu fahren, wenn ich in einen Hafen einlief, oder wenn eine echte Notlage eintreten würde, z. B. wenn der Mast über Bord ginge oder ich in einer Flaute auf eine Küste zutriebe.«

Die gebrochene Saling beschäftigt seine Gedanken: Auf der »Paloma« wurden die Hauptwanten immer so in Spannung gehalten, daß sogar die Tür zum Vorschiff, die genau unter dem Mast liegt, sich etwas verklemmte. Aber durch den Decksaufbau, der bis zum Vorschiff reicht, ist das Boot gegen einen besonders starken seitlichen Druck der Wanten offenbar nicht genügend ausgesteift. Die Saling brach wahrscheinlich, weil das Hauptwant in Luv nachgab, indem es das Boot etwas zusammendrückte. Aber diese extremen Beanspruchungen kommen in unseren heimischen Gewässern wohl nicht vor. Immerhin ist »Paloma« bis hierher schon länger gesegelt worden als unter normalen Bedingungen in einer 10jährigen Segelzeit – mit nur einer Inspektion!

Da die Drahtseilleiter nicht mehr zuverlässig ist, zieht sich Jörgen Meyer mit einer Talje am Mast hoch und bringt bei See-

Seemännische Tips für Blauwassersegler

Tip 17:

Ein Einhandsegler ist besonders gefährdet, wenn er in den Mast aufentern muß – auch oder gerade dann, wenn er hierzu eine fest montierte Drahtseilleiter benutzt. Auf der »Paloma« reichte sie bis zur Saling, aber durch die Bootsbewegungen im Seegang, die oben so stark und ruckweise waren, konnte man am Mast nicht arbeiten. Jörgen Meyer bekam einen gewaltigen Schreck, als er, oben auf der Drahtseilleiter stehend, feststellen mußte, daß ein 8 mm starkes Nirosta-Rundeisen, an dem seine Leiter hing, gebrochen war.

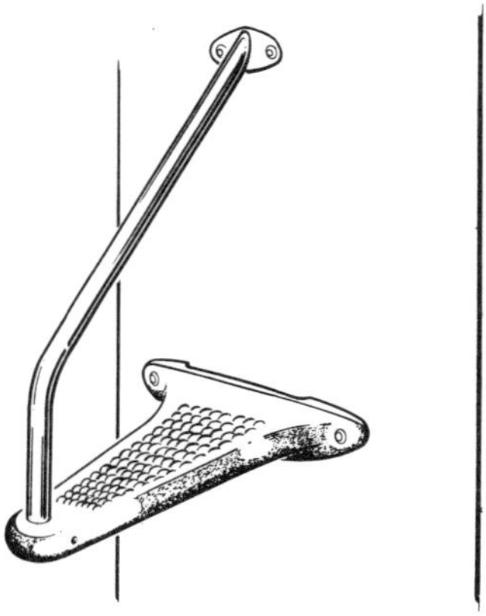

Glücklicherweise hatte sich ein Teil dieses Rundeisens so verklemmt, daß die Leiter auch unter seiner Belastung nicht herabfiel. Er atmete auf, als er glücklich wieder an Deck stand. Bei einer mehrköpfigen Crew wird man den Mann, der in den Mast geht, in den Bootsmannsstuhl setzen und vorheißen können. Ein Einhandsegler sollte keine zusammenhängende Leiter, sondern nur einzelne Trittstufen benutzen. Er kann dann immer von unten die nächsthöhere Trittfläche auf ihre Festigkeit und Sicherheit inspizieren, egal, ob es sich um Webleinen (auch mit eingebauter Metallversteifung) oder um Metalltritte am Aluminiummast handelt.

gang 2, Dünung 4 die abgerissene Saling nach unten. Mit einer zweiten großen Kraftanstrengung heißt er sich am Nachmittag noch einmal auf und montiert die Saling provisorisch wieder an. Die Arbeit sieht sicher nicht elegant aus, aber im nächsten Hafen wird man es besser machen können. Es wird auch Zeit, daß die Reparatur erledigt wird; denn um die Salomon-Inseln zu runden, muß Kurs nach Westen abgesetzt werden. Da der Wind inzwischen von Nordost über Ost nach Ost-Südost gedreht hat, muß »Paloma« über Stag gehen und dabei auch das Backbordwant belasten, das jetzt glücklicherweise einsatzfähig ist.

Am 13. Februar rundet »Paloma« die Salomon-Insel San Cristobal bei schwachem Wind. Anstelle der Sternhöhen in der Morgen- und Abenddämmerung mißt der Skipper den Abstand von der Küste mit dem Sextanten nach dem Prinzip eines terrestrischen Höhenwinkels. Zusammen mit einer rechtweisenden Peilung zum 1250 m hohen Berggipfel erhält er einen zuverlässigen und wichtigen terrestrischen Schiffsort. Immerhin sind hier Stromgeschwindigkeiten von einem Knoten zu berücksichtigen.

»Diese Strömung habe ich ganz unterschiedlich angetroffen«,

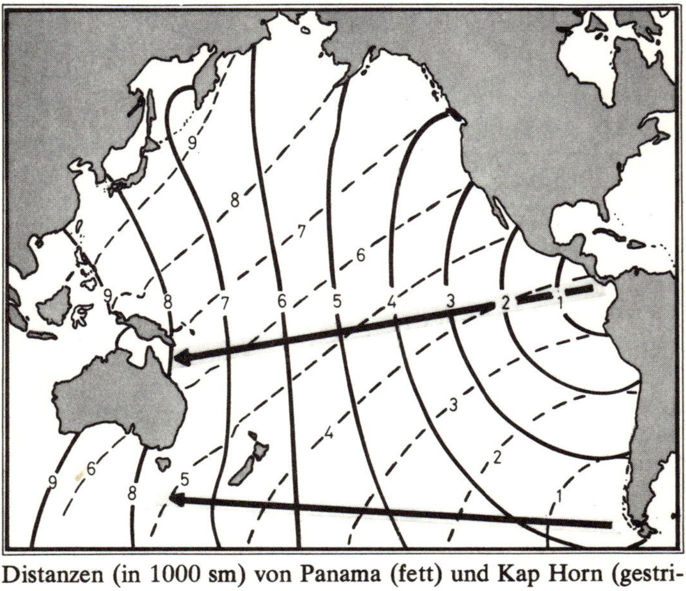

Distanzen (in 1000 sm) von Panama (fett) und Kap Horn (gestrichelt).

Eine Reise durch die Südsee – schneller als durch die »Brüllenden Vierziger«

Südsee – allbekannte Assoziationen: blauer Himmel ohne Wolken, glatte See ohne Wellen, windstille Luft ohne Regen und Kälte. Kaffeesegeln unter Langeweile, eine Fahrt vom Panamakanal nach Westen – kein Wunder, wenn die Besatzung auf der ersten besten Insel lange bleibt, um sich nach der Einsamkeit auf endlosem Meer unter fröhlichen Menschen an Land zu erfreuen. Südseesegeln – für uns Europäer ein mehrjähriger Plan, der bei den geheimnisvollen Galapagos-Inseln beginnt und im Paradies Bali endet, ehe es über den Indischen Ozean weitergehen muß. Wer war schon einmal frevelhaft 8000 Meilen weit an allen diesen Traumzielen vorbeigesegelt – und läßt denn die Hurrikan-Saison eine solche Non-Stop-Reise überhaupt zu?

Jörgen Meyer muß der Erste gewesen sein, denn wie anders hätte er sonst als »Schnellster Weltumsegler Ost-West auf der Äquator-Route« in die (nicht nur Segler-)Geschichte eingehen können? Was register-besessene Amerikaner ermittelten und festhielten, sollte uns wenigstens als Tatsache zur Auswertung dienen, auch wenn wir es bisher leider nicht mit Stolz zur Kenntnis nehmen und weitergeben konnten. Das Besondere seiner Reise ist (nicht nur) durch Zahlen zu erklären:

Das Logbuch der »Paloma« verzeichnet die Abfahrt in Balboa (Panama) am 26. 11. 1971 und die Ankunft in Port Moresby (Neuguinea) am 22. 2. 1972 nach einer gesegelten Distanz von 8728 Seemeilen und 87 Tagen Segelzeit. Das sind abstrakte Werte, die erst verständlich oder »faßbar« werden, wenn man sie in Beziehung zu anderen Daten und Fakten von Segler-Reisen setzt, zum Beispiel zu Chay Blyth, der mit seiner Reise »gegen Strom und Wind« weltweite Bewunderung und Anerkennung erntete. Ein Teil dieser Alleinfahrt war auch eine Überquerung des Pazifiks, Ost-West wie Jörgen Meyer, nur eben auf einer extrem südlichen Route um Kap Horn.

Oder zum Beispiel Robin Knox-Johnston: Er gewann das erste Nonstop-Einhand-Rennen um die Welt und überquerte ebenfalls den Pazifik, nur in umgekehrter Richtung, von Australien kommend, und in den »Brüllenden Vierzigern«. Wie sieht ein solcher Leistungsvergleich der Männer und der Boote aus? Wir wollen ihn auf den folgenden Seiten vornehmen.

berichtet Jörgen Meyer, »wahrscheinlich in Abhängigkeit von der Abdeckung durch Inseln. Jedenfalls war es gut, nicht auf die Sonne angewiesen zu sein, die übrigens mittags eine Höhe von fast 90° hatte, so daß die Breitenbestimmung schwierig wurde. Die Sonne stand bis mittags im Osten und rutschte während der Kulmination schnell über Süden oder Norden nach Westen.«

Ursprünglich hatte Meyer vor, Port Darwin in Australien als nächsten Hafen anzulaufen. Dorthin war auch seine Post unterwegs. Nun scheint es ihm jedoch richtiger zu sein, nicht nur die Saling ganz in Ordnung zu bringen, sondern auch die Leiter bis zur Saling hinauf bald zu reparieren. Deshalb beschließt er, besser vorher Port Moresby auf Neuguinea in der Korallensee anzulaufen und die Post nach dorthin nachsenden zu lassen. Durch diese Änderung des Ziels bestand auch Aussicht, daß sich das Wetter in der Torresstraße bis zum Durchsegeln ändern würde. Für sie war die Jahreszeit noch etwas früh.

Am 17. Februar erreicht »Paloma« den Louisiade-Archipel mit Etmalen zwischen 69 und 129 sm. Der Wind weht meistens nur schwach, aber aus günstigen südlichen, östlichen und nördlichen Richtungen. Meyer hat schlechteres Wetter erwartet. Aber wahrscheinlich wird der feuchte Nordwest-Monsun durch den Südost-Passat mehr als normal zurückgedrängt. In Australien bemüht man sogar die Regenmacher, wie das Radio berichtet.

Die gefährdeten Gebiete, in denen um diese Jahreszeit tropische Wirbelstürme auftreten könnten, liegen jetzt südlich vom Kurs der »Paloma«, die sich so weit wie möglich nördlich hält, um der Wirbelsturmgefahr zu entgehen. Treibholz von kleinen Ästen bis zu entwurzelten, belaubten Kokospalmen schwimmt in der See – Zeugen eines Zyklons, der einige Wochen vorher weit entfernt im Süden gewütet hatte.

Am Nachmittag des 20. Februar liegt die Südküste Neuguineas an Steuerbord querab, aber außer Sichtweite. Wieder muß sich »Paloma« mit einem Gewitter und Regenböen aus entgegengesetzten Richtungen herumschlagen, denen schwache umlaufende Winde am Vormittag des 22. Februar folgen. Meyer führt ein Radiogespräch mit Port Moresby, holt eine Wettervorhersage für die nächsten 24 Stunden ein und kündigt sein Einlaufen an.

Am 23. Februar macht sich »Paloma« landfein und fährt bei Flaute unter Motor die letzte Stunde bis zur Hafeneinfahrt. Der Hafen ist von großen Korallenriffen umgeben. Durch die »Basi-

Jörgen Meyer segelte schneller als Chay Blyth

Chay Blyth war 30 Jahre alt, als er 1971 von Kap Horn nach Tasmanien segelte, ein Jahr vor Jörgen Meyer und (fast) jahreszeitlich gleich. Seine Route ist auf der Karte eingezeichnet. Robin Knox-Johnston war 29 Jahre alt, als er 1968 die gleiche Distanz, ebenfalls im südlichen Sommer, auf Gegenkurs bewältigte. Der eine der beiden jungen britischen Segler wählte den gleichen Kurs, aber »gegen Strom und Wind«, der andere segelte in entgegengesetzter Richtung, aber dafür mit den gleichen achterlichen Winden und ähnlichem Schiebestrom wie Jörgen Meyer.

Seekarten (nach der Mercatorprojektion) verzerren die Flächen, je weiter das Seegebiet in Richtung auf die Pole liegt. Was auf einer solchen Karte als scheinbar gleiche Distanz aussieht: Panama – Port Moresby in der Nähe des Äquators und Kap Horn – Tasmanien auf ca. 45° Süd, ist tatsächlich eine sehr unterschiedliche Entfernung: Von Panama nach Port Moresby sind es ca. 8000 sm, von Kap Horn nach Tasmanien (oder umgekehrt) nur ca. 5200 sm. Die Äquator-Route entspricht 154 % der Südroute, die Südroute nur 65 % der Äquator-Route. In (annähernd) gleichen Zeiten haben die drei Segler also nicht die gleiche Distanz bewältigt: Jörgen Meyer segelte vom 26. 11. 71 – 23. 2. 72 in 87 Tagen 8000 sm, als kürzeste Distanz von Panama nach Port Moresby gerechnet. Er erreichte (für diese kürzeste Entfernung) ein Durchschnittsetmal von 92 sm und eine Reisegeschwindigkeit von 3,84 Knoten.

Chay Blyth segelte vom 26. 12. 1970 – 12. 3. 1971 in 76 Tagen 5200 sm, die kürzeste Distanz von Kap Horn zur Südspitze Tasmaniens; beide Punkte auf ungefähr gleicher geographischer Länge wie Balboa und Port Moresby. Er erreichte ein Durchschnittsetmal von 68 sm und eine Reisegeschwindigkeit von 2,85 Knoten.

Robin Knox-Johnston segelte vom 10. 11. 1968 – 17. 1. 1969 ebenfalls 5200 sm in umgekehrter Richtung. Er erreichte ein Durchschnittsetmal von 73 sm und eine Reisegeschwindigkeit von 3,5 Knoten. Die beiden britischen Segler wurden (öffentlich) gefeiert und geehrt. Jörgen Meyer hätte mindestens die gleiche Ehrung verdient gehabt; denn seine persönliche Segelleistung war mehrfach größer: nach der sportlichen Auswertung, der Bootsgröße und seinem Alter.

lisk Passage« gelangt man in das große Hafengebiet, muß dann aber noch eine halbe Stunde weiter motoren, bis man zum Papua-Yachtclub kommt. Um 10.20 Uhr fällt hier bei 6 m Wassertiefe der Anker.

»Paloma« hat die Distanz von Balboa am Panamakanal bis Port Moresby in 87 Tagen zurückgelegt, insgesamt 8728 sm mit einem Durchschnitts-Etmal von 100 sm. Der Skipper hatte dabei 216mal die Sonne und 149mal andere Gestirne gemessen und ausgewertet, das sind durchschnittlich täglich 4 Beobachtungen.

Der Empfang in dieser Stadt unterscheidet sich wohltuend von den Erfahrungen am Panamakanal; denn Jörgen Meyer schreibt in sein Logbuch: »Nirgendwo habe ich so freundliche und hilfsbereite Menschen getroffen wie in Port Moresby.«

Seglerstatistik Südsee

(gemäß Logbuch der »Paloma«, siehe Seite 86–87)

A. **2 843 Seemeilen in 33 Tagen**
Durchschnittsetmal 86,2 sm
Durchschnittsgeschwindigkeit 3,6 kn (6,7 km/h)
Geschwindigkeitsgrad R = 2,50

B. Windstärken:

6 Tage Bft. (1–) 2	1 Tag Bft. (4–) 5
6 Tage Bft. (2–) 3	2 Tage Bft. (5–) 6
11 Tage Bft. (3–) 4	4 Tage Bft. (6–) 7
	3 Tage Bft. (7–) 8

das heißt in %:	73 % Segelbrisen	(Bft 1–5)
	18 % Starkwind	(Bft. 6–7)
	3 % Sturm	(Bft. 8 und darüber)

C. Segelführung:	18 Tage Vollzeug
	1 Tag gerefft
	14 Tage Sturmbesegelung
das heißt in %:	57 % Vollzeug
	1 % gerefft
	42 % Sturmebesegelung
D. Bewölkung:	0 Tage wolkenlos (0 %)
	5 Tage heiter (25 % bew.)
	10 Tage halb bedeckt (50 % bew.)
	6 Tage wolkig (75 % bew.)
	12 Tage bedeckt (100 % bew.)
das heißt in %:	0 % wolkenlos
	15 % heiter
	30 % halb bedeckt
	18 % wolkig
	37 % bedeckt

Die Seglerleistung: Der Mann und das Boot

Bei dem bisherigen Leistungsvergleich ist ein einflußreicher Faktor noch unberücksichtigt geblieben: Die Bootsgröße. Jeder Segler weiß, daß »Länge läuft« und ein größeres Boot ganz zwangsläufig schneller laufen kann als eine kleine und kürzere Yacht. Nehmen wir die Einhandboote von Meyer, Blyth und Knox-Johnston einmal vergleichsweise unter die Lupe:

	Lüa (m)	LWL (m)	Büa (m)	T (m)	D (t)	S (m²)
Meyer: »Paloma«	10,25	7,15	3,05	1,47	5,55	44,5
Blyth: »British Steel«	18,00	13,26	3,90	2,45	17,00	140,0
Knox-J.: »Suhaili«	13,31	8,53	3,38	1,68	9,72	62,0

Jörgen Meyer erreichte seine größeren Etmale mit dem kleinsten Boot und der geringsten Segelfläche. Die relativ bequem, fast immer bei einer Vollzeugbrise, weitgehend aufrecht und in nicht zu rauhem Wasser gesegelte »Paloma« lief den beiden größeren Booten davon. Der ältere Segler meisterte das handige Boot auf der leichteren Route besser als z. B. der jüngere Segler Chay Blyth auf der weitaus größeren »British Steel«, der allerdings härteres Wetter hatte. Diese respektable Leistung des deutschen Einhandseglers gewinnt noch an Wert, wenn man (später) auch die anderen, dann tatsächlich gemeinsam gesegelten Routen der »Paloma« und der »British Steel« im Indischen und Atlantischen Ozean vergleicht: Jörgen Meyer segelt sportlich und optimal, er führt immer das für die herrschende Windgeschwindigkeit »volle Zeug«. Er segelt mutig, auch Tausende von Meilen vom nächsten Land entfernt. Er schont sich weder bei Tag noch bei Nacht. Er ist an Bord und auf See zu Hause, offensichtlich besser als die beiden britischen Segler, der Seeoffizier Knox-Johnston und der Fallschirmjäger bzw. Berufs-Globetrotter Blyth.

Windsterne und Strompfeile (mit der Stromversetzung als Ziffer für ein Etmal) zeigen, wieder für die entsprechende Zeit neben die Kurslinie gezeichnet, daß zwar Meyer die meteorologischen Vorteile optimal ausnutzte. Man erkennt aber auch gleichzeitig, wie Wind und Strom Knox-Johnston in gleicher Weise halfen bzw. daß auch Chay Blyth keinen »unmöglichen Kurs« segelte: Strom und Wind standen nicht immer gegenan, aber sie waren natürlich viel seltener raum.

Datum	Standort Breite (S)	Standort Länge (W)	Wind Richtung	Wind Stärke	Seegang (Dünung)	Bewölk. %	Kurs Grad	Segel	Fahrt Kn	Etmal sm
19. 1. 72	7° 40′	171° 23′	NNW	3	2 (3)	75	274	G+F	4	138
20. 1. 72	7° 25′	173° 03′	NNW	4	2 (3)	100	259	G (2)+F 2	4	101
21. 1. 72	7° 31′	174° 35′	NNW	3	2 (3)	100	279	G+F 2	4	92
22. 1. 72	7° 03′	176° 02′	N	4	3	100	267	G+Ge	5	92
23. 1. 72	7° 15′	177° 00′	NW	8	5	100G	–	o. S.	treibt	59
24. 1. 72	7° 30′	177° 22′	N	6–7	4–5	100	281	F 3	3	27
25. 1. 72	7° 08′	178° 18′	NNW	6–7	4	75	278	F 2	4,5	78
26. 1. 72	fällt wegen Datumswechsel an der Datumsgrenze aus									
27. 1. 72	7° 35′	179° 55′	NW	4–5	3	100	265	G+F 2	5	101
		Länge (E)								
28. 1. 72	7° 32′	178° 43′	NW	3–4	3	75	255	G+F 2	3	83
29. 1. 72	8° 10′	177° 50′	W	7–8	5	100R	310	Sg	3	66
30. 1. 72	8° 10′	177° 00′	W	3–4	2–3	100R	213	G+F 3	3	50
31. 1. 72	8° 50′	176° 22′	N	7	3	100R	305	F 2	4	56
1. 2. 72	unbekannt		N	7–9	4	100R	289	Sg	2	} 103
2. 2. 72	8° 35′	174° 40′	N	3–4	4	100R	271	Sg	2	}
3. 2. 72	8° 37′	173° 55′	N	4	(4)	75	281	Sg+Sf	3	45
4. 2. 72	unbekannt		NW	6–7	4	100	256	Sg	3	} 103
5. 2. 72	8° 44′	172° 24′	NE	5–6	4	75	273	Sg+Sf	3,5	}
6. 2. 72	8° 31′	170° 54′	NNE	5–6	3–4	50	273	Sg+Sf	3,5	91
7. 2. 72	8° 28′	169° 26′	NE	4	3	25	265	Sg+F 3	4	88
8. 2. 72	8° 38′	168° 04′	NE	4	3	50	265	Sg+F 3	4	83
9. 2. 72	8° 39′	166° 37′	NE	4	3	25	270	Sg+F 3	3	87
10. 2. 72	8° 42′	165° 25′	E	2	2	25	264	G+P	2	72
11. 2. 72	9° 34′	164° 15′	ESE	2–3	2	50	233	G+P	3	97
12. 2. 72	10° 52′	162° 59′	ESE	2–3	2	50	243	G+P	1,5	74
13. 2. 72	11° 09′	161° 47′	WNW	1–2	2	50	333	G+P	3	109

14. 2. 72	10° 41′	160° 14′	S	2	2	50	257	G+Ge	3	96
15. 2. 72	11° 19′	158° 50′	E	2	2	50	268	G+Ge	3	92
16. 2. 72	11° 48′	156° 44′	SSE	2	2	50	257	G+Ge	3	129
17. 2. 72	12° 15′	155° 13′	E	1–2	2	50	267	G+Ge	2	69
18. 2. 72	12° 22′	153° 20′	NNE	3	2–3	25	293	G+Ge	4	112
19. 2. 72	11° 53′	151° 43′	N	4	2–3	75	272	G+Ge	4	100
20. 2. 72	11° 18′	150° 00′	ENE	2–3	2–3	25	276	G+P	3	108
21. 2. 72	11° 13′	148° 01′	E	4	3	50	307	G+P	4	119
22. 2. 72	9° 25′	147° 08′	vor Port Moresby in Flaute							
23. 2. 72	vor Anker im Hafen von Port Moresby auf Neuguinea									
5. 3. 72	9° 26′	147° 09′	ab Port Moresby							
6. 3. 72	9° 28′	146° 30′	W	4–5	3–4	100	342	G+F	3	36
7. 3. 72	9° 03′	145° 57′	NNW	4–5	3	100	54	G+Ge	3,5	41
8. 3. 72	8° 35′	144° 40′	NW	4–5	2–3	50	239	G+Ge	5	80
9. 3. 72	8° 44′	145° 07′	NW	4	2–3	50	249	G+Ge	5	27
10. 3. 72	9° 05′	144° 07′	NW	3–4	2	75	244	G+Ge	4	64
11. 3. 72	9° 38′	143° 16′	WNW	4	2	50	199	G+Ge	6	61
12. 3. 72	10° 11′	142° 48′	NW	4	2	75	189	G+Ge	4	43
13. 3. 72	10° 32′	142° 11′	NW	3	2	75	259	G+Ge	3,5	43
14. 3. 72	10° 40′	141° 29′	SW	1	1–2	75	290	G+Ge	1	42
15. 3. 72	10° 25′	140° 55′	NNW	2	1	100R	270	G+Ge	3	37
16. 3. 72	unbekannt		WSW	2	1	100R	280	G+Ge	2,5	128
17. 3. 72	10° 25′	138° 46′	NW	6	2–3	75	253	G+P	4	128
18. 3. 72	10° 27′	138° 04′	N	2	2	50	285	G+Ge	2	41
19. 3. 72	10° 14′	136° 46′	N	3–4	2	75	268	G+Ge	4	80
20. 3. 72	10° 28′	135° 40′	W	4	3	75	320	G+Ge	3	68
21. 3. 72	unbekannt		W	3	2 (3)	100R	242	G+Ge	2	136
22. 3. 72	10° 13′	133° 14′	SSW	3–4	2 (3)	50	258	G+Ge	3	136
23. 3. 72	9° 46′	132° 09′	WSW	3	2 (3)	75	323	G+Ge	3	63

Über den Indischen Ozean: Mit Nordwest-Monsun oder Südost-Passat?

Mit Funkpeiler und Ankergeschirr von Port Moresby durch die Torresstraße

Die »Paloma« gehört um diese Jahreszeit zu den seltenen ausländischen Gästen im Yachtclub. Erst mit dem Südost-Passat werden in einigen Monaten wieder die Globetrotter von der Südsee in den Indischen Ozean segeln und dann auch hier Station machen. So wird Jörgen Meyer schnell bekannt. Alle bemühen sich, ihn mit Rat und Tat zu unterstützen, und sogar die einzige hiesige Tageszeitung bringt auf der Titelseite einen großen Bericht mit seinem Foto und einem Reisebericht. Die Menschen sind freundlich und die Verkäufer in den Geschäften höflich, wenn er vorüberkommt. Alle kennen ihn.

Wieder wird der Seekreuzer aufgeslippt, um einen neuen Unterwasseranstrich zu erhalten. Je wärmer das Wasser, desto stärker ist der Bewuchs. Ein geradezu idealer Aufenthalt für Tausende von Seepocken und Entenmuscheln, Seemoose und andere Manteltiere scheint »Palomas« Bauch zu sein. Die Haltbarkeit von Antifouling-Farben hängt in hohem Maße von dem Seegebiet ab, das ein Boot durchsegelt. In unseren Breiten mit relativ kaltem Wasser hält die Schutzwirkung lange an. Je wärmer das Wasser ist, desto größer werden die Probleme, und 100 Tage lang Giftwirkung zu erzeugen, ist in diesem Badewannenwasser nahezu unmöglich.

Reparatur der Saling und der Drahtseilleiter, Vernähen der geflickten Genua mit dem einzigen vorhandenen, aber leider dunklen Garn – die Narben im Kampf mit dem Pazifik werden

Seemännische Tips für Blauwassersegler

Tip 18:

Das Ankergeschirr kann nicht schwer genug sein. Die »Paloma« führte einen Stockanker von 23 kg Gewicht mit 55 m Ankerkette an Bord, das übliche Ankergeschirr. Für Notfälle lag auf dem Vordeck eine schwere Schlepptrosse von 60 m Länge bereit, mit der die Ankerkette verlängert werden konnte. Außerdem war ein Gleitschäkel mit einem Ankergewicht an Bord, damit die Kette besser federte. Als »Paloma« im Hafen von Port Moresby einmal ins Treiben gekommen war, wurde am Gleitschäkel außerdem ein zusammengeklappter Draggen von 10 kg Gewicht herabgelassen. Gleitschäkel, Klappanker und Reservekette lagen immer bereit.

Tip 19:

Die Größe der Windfahne für die Selbststeuerung muß notgedrungen ein Kompromiß sein. Die Fläche der Windfahne darf bei Sturm nicht zu groß sein; dadurch wird sie bei leichtem Wind vielleicht etwas zu klein. Um die Steuerfähigkeit bei leichter Brise zu verbessern, kann man auch ein zusätzliches Brett auf die Windfahne setzen, das diese nach oben und/oder nach achtern vergrößert.

Tip 20:

Die Rollbewegungen bei achterlichem Wind und unter Passatsegeln können gegebenenfalls durch das Trysegel oder das vielfach gereffte Großsegel aufgefangen werden, das am mittschiffs festgezurrten Großbaum bis ca. zur Höhe der unteren Saling gesetzt wird. Dieses Stützsegel bewährt sich, wenn die Schoten der Passatsegel direkt zur Pinne geführt sind und die Selbststeueranlage bei Kursen platt vor dem Laken nicht in Betrieb ist. Bei Seegang und viel Wind hat es sich aber in der Praxis auch gezeigt, daß die Selbststeueranlage den Kurs des Bootes stetiger ohne Großsegel und mit den wie üblich fest belegten Schoten der Passatsegel halten konnte, d. h. mit ungefesselter, nach den Impulsen des Windfahnenruders freischwingender Pinne.

sichtbar –, Überholen des Motors, so gehen die Tage dahin. Die Hilfsbereitschaft der Menschen ist ohne Beispiel. Der Eigner eines Nachbarbootes, Ken mit Vornamen, wird Jörgen Meyers bester Freund.

»Er war unermüdlich, Reparaturen kostenlos für mich auszuführen«, erzählt dieser. »Wenn ich ihm wenigstens seine Barauslagen ersetzen wollte, sagte Ken nur: ›My pleasure‹, und wollte nichts annehmen. Der einzige Glaszylinder meiner Ankerlaterne war zerbrochen, und in Moresby gab es natürlich keinen Ersatz. Aber Ken fertigte einen neuen aus schwer schmelzendem Glas an. Seine Frau wusch sogar meine Wäsche. In seinem Hause lernte ich beim Mittagessen und Dinner auch andere nette Familien kennen. Unabhängig davon machte ich die Bekanntschaft eines deutschen Ehepaares, das mir im Auto die Gegend zeigte und mich wiederholt einlud. Mehrere andere Einladungen mußte ich ablehnen, weil ich nicht genug Zeit hatte . . .«

Viele Segler raten ihm, doch einige Wochen zu bleiben, bis der Südost-Passat auch hier den Nordwest-Monsun abgelöst hat. Acht Yachten, so berichten sie, sind in den letzten Jahren verloren gegangen, weil sie (trotz der günstigsten Jahreszeit) die Zufahrt zur Torresstraße, den kleinen Leuchtturm Bramble Cay, nicht gefunden hätten und mit den starken, nicht genügend vorausberechenbaren Meeresströmungen navigatorisch nicht fertig wurden. Aber keine dieser Yachten hatte einen Funkpeiler an Bord gehabt, wie Jörgen Meyer ermittelt, und so gibt er seinen Vorsatz nicht auf, die Torresstraße jetzt in der Nippzeit zu durchsegeln und damit auch Südafrika in der Zeit vor dem stürmischen Südwinter zu erreichen.

Ein Krabbenfischer-Kapitän aus Ägypten ist der einzige, der ihm zum schnellen Fahrtbeginn rät: Die Fischer fahren oft und auch im Februar oder März durch die Torresstraße, und mit einem Funkpeiler findet man Bramble Cay auch bei bedecktem Himmel. Außerdem stehen starke Flugfunkfeuer im Papua-Golf günstig zueinander, so daß man terrestrische Navigation und Funknavigation sinnvoll miteinander verbinden kann.

Vor dem Auslaufen fährt Meyer zum Flughafen, wo man immer die zuverlässigsten Wettervorhersagen erhält. Auch hier erkennen die Meteorologen sofort den deutschen Einhandsegler, von dem die Presse berichtet hat, und geben den Rat, das verhältnismäßig günstige Wetter schnell auszunutzen. Natürlich sind Re-

Seemännische Tips für Blauwassersegler

Tip 21:

Bei Windstärke 10 aus Südost und südwestlichen Kursen ließ Jörgen Meyer die »Paloma« mit Trysegel und raum-achterlichem Wind ablaufen. Über dieses Abwettern schwersten Wetters sagt er: »Wenn ich auch noch das Trysegel geborgen hätte, um ›Paloma‹ seitlich treiben zu lassen, bestand die Gefahr des Überrollens um die Längsachse, denn die Seen waren jetzt sehr steil und brachen mit großer Gewalt, wobei durch den Sturm der Schaum von den Wellenkämmen geweht wurde. Ich entschied mich deshalb für die Methode Dumas und Moitessier, die etwas Segelfläche stehen ließen und vor dem Sturm ohne Schlepptrossen abliefen, so daß der Wind etwas seitlich von achtern einfiel. Ganz ohne Segel hätte ich ›Paloma‹ bei dem hohen Seegang nicht auf diesem Kurs halten können.« Unsere modernen, nicht extrem schweren Seekreuzer sind auf diesen Kursen (wie auch viele andere Beispiele zeigen) nachweislich am sichersten.

Tip 22:

Havarien an den Segeln oder Spieren sowie am stehenden oder laufenden Gut treten unerwartet und nicht immer zu einer günstigen (Tages-) Zeit auf. Es empfiehlt sich daher, ein kräftiges Kappmesser in einer Masthalterung zu fahren, um notfalls ein zu viel gesetztes, vertörntes oder ungünstig auswehendes Segel befreien zu können. Die »Paloma« wurde nachts einmal von einer heftigen Gewitterbö überfallen, in der der Haltedorn des Spinnakerbaums am Mast mitten durchbrach, der Spinnakerbaum sich mit der Genua selbständig machte und gefährlich wild auf dem Vorschiff gegen die Takelage schlug. Jörgen Meyer kappte, um keine Zeit zu verlieren, die Leinen, die den Spinnakerbaum hielten, und barg dann Genua, Großsegel und Spinnakerbaum, weil »Paloma« bei dem böigen Wind anders nicht zu halten gewesen wäre. Je schneller man einem Boot in einem solchen Fall Erleichterung verschaffen kann, desto geringer wird die Gefahr von Nachfolge-Havarie aus einer solchen unerwarteten Situation sein.

genböen zu erwarten, sicher auch einmal ein Gewitter – aber tropische Wirbelstürme sind weder gemeldet noch zu befürchten. Schon eine Stunde später lichtet »Paloma« den Anker und verläßt am 4. März 1972 nach elf Tagen Hafenaufenthalt das gastfreundliche Port Moresby. Der Wind kommt aus Nordwest, und der Kurs ist ebenfalls Nordwest; also muß Jörgen Meyer kreuzen. Aber bei dem schralenden Wind gibt es doch immer wieder einen langen Streckbug, so daß man sich abwechselnd mehr nach Norden oder mehr nach Westen arbeiten kann. Der Himmel ist meist bedeckt, aber die Schnittpunkte der Funkstrahlen von Port Moresby, Kerema und Daru geben immer eine ausreichend sichere Position: Sie sind nicht durch Land abgedeckt.

Schon nach dreieinhalb Tagen ist »Paloma« bis dicht vor Bramble Cay gesegelt, als sie nachts ein Sturm mit Böen bis Windstärke 9 und Platzregen überfällt. Die Weiterfahrt in das unbekannte, in Kursrichtung liegende Revier ist nicht ratsam. Die Nacht ist stockdunkel, der Regen nimmt jede Sicht. Vorsichtshalber macht Meyer kehrt und segelt zurück, zuletzt jedoch vor Topp und Takel treibend, um nicht zu viel Distanz zu verschenken.

Die Vorsicht war richtig, aber sein Pessimismus war übertrieben. Am nächsten Tag nimmt er einen neuen Anlauf, als sich das Wetter gebessert hat. Aber zuerst gilt es, die verlorene Distanz wieder aufzuholen. »Auch das konnte mich nicht erschüttern«, bekennt er. »Denn ich hatte mit der Wahrscheinlichkeit gerechnet, Bramble Cay nicht gleich beim ersten Anlauf zu erreichen.«

Am 10. März sichtet er um 14.50 Uhr das Gitterwerk des Leuchtturms an Steuerbord voraus: Eine Zielfahrt auf das Funkfeuer Daru hilft dabei, die Richtung zu bestimmen, und durch die Methode »Abstand eines Leuchtfeuers in der Kimm« läßt sich sogar die Distanz ermitteln. Dann geht es bei WNW 5 und 6,5 kn Fahrt an zahlreichen Inseln vorbei. Warum in diesen unbefeuerten Gebieten mit Korallenriffen nautische Probleme heraufbeschwören? Besser ist es, während der Nacht vor Anker zu gehen.

Rechts: Zur Zeit des südlichen Sommers bestimmen das große maritime Hoch über dem Indischen Ozean und zwei Hochdruckgebiete über dem australischen und südafrikanischen Festland das Wetter. Nach Norden fällt der Luftdruck zum Tief über Indien und China nur langsam ab, so daß hier leichte Winde vorherrschen.

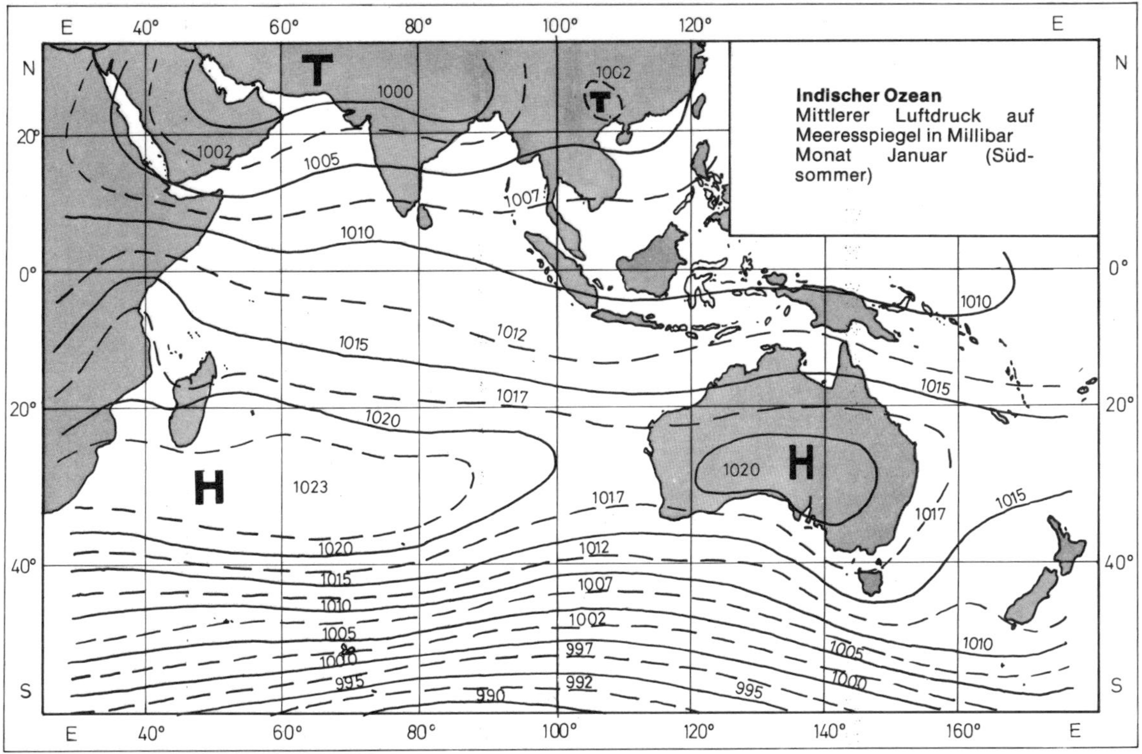

Indischer Ozean
Mittlerer Luftdruck auf Meeresspiegel in Millibar Monat Januar (Südsommer)

Der Ankerplatz in Lee der Dove-Insel hat eine Wassertiefe von 12,50 m, und auf dem Korallenriff, das die Insel umgibt, steht ein Leuchtfeuer, nach dem man nachts leicht die Ankerpeilung kontrollieren kann.

Auch in den nächsten Tagen liegt »Paloma« hin und wieder bei Nacht an einem neuen Ankerplatz über. Die Torresstraße und ihre Zufahrt sind so flach, daß man bei schlechtem Wetter viele sichere Ankerplätze findet. Durch die geringe Wassertiefe ist auch kein starker Seegang zu erwarten, und der Wind wird dazu noch durch die vielen kleinen Inseln und Riffe gebremst. Die Wassertiefe läßt sich gut erkennen. Je nach Untergrund hat das Wasser eine mehr oder weniger hellgrüne Farbe.

Am 13. 3. um 11.30 Uhr ist der große Augenblick gekommen: »Paloma« passiert den Leuchtturm Hammond Rocks und überschreitet damit die Grenze vom Pazifischen in den Indischen Ozean. Acht Tage hat sie benötigt, um die 359 sm lange Torresstraße zu bewältigen. Das ist zwar nur ein durchschnittliches Etmal von 45 sm, aber nach diesem schwierigen Abschnitt der Reise liegt jetzt die freie Arafura-See und der weite Indische Ozean vor dem Bug.

In der Arafura-See gibt es viele Flauten, ungünstige Winde und immer wieder Regen, Regen, Regen. Aber er ist dennoch der Freund der »Paloma«, denn er bringt wenigstens Wind. Nur an einem einzigen Tag beträgt das Etmal 80 sm, sonst liegt die Tagesleistung vom 13. bis zum 26. März weit darunter, durchschnittlich nur ca. 59 sm.

»Wäre ich einen Monat später durch die Arafura-See gesegelt«, erzählt Jörgen Meyer, »dann hätte eine starke Meeresströmung ›Paloma‹ täglich um 15 bis 21 sm in meiner Kursrichtung beschleunigt. Um einen Knoten wäre meine Fahrt schneller gewesen. Im März aber setzte die Strömung unter dem Einfluß des Monsuns mit derselben Geschwindigkeit von 15–21 sm in einem Etmal in Gegenrichtung, also zurück zur Torresstraße. Das sah ich besonders deutlich, wenn ich nach der häufigen nächtlichen Flaute

Rechts: Die Gebiete mit hoher Lufttemperatur liegen im Südsommer südlich des Äquators. Die gestrichelten Gebiete besitzen die Voraussetzungen für das Entstehen von Wirbelstürmen, allerdings nicht in der Nähe des Äquators, wo die »Paloma« auch erst im März/April durch dieses Gebiet segelt.

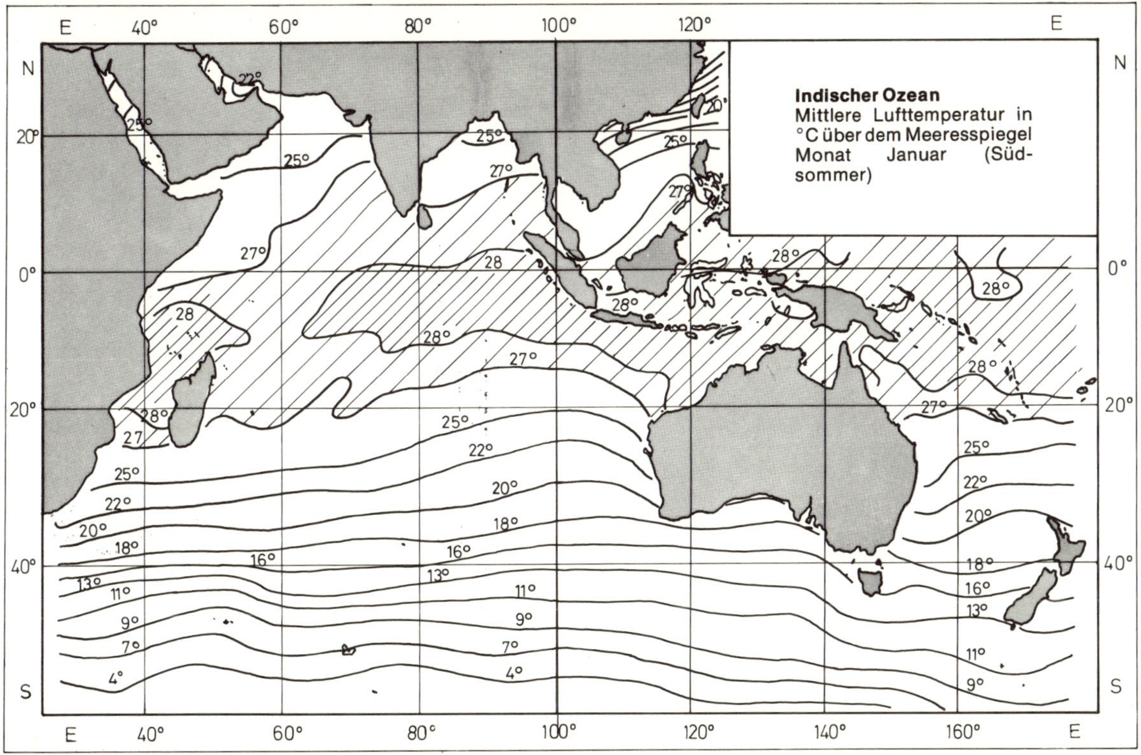

Indischer Ozean
Mittlere Lufttemperatur in °C über dem Meeresspiegel Monat Januar (Südsommer)

in der Morgendämmerung ein Sternfix bestimmte und feststellte, daß ein großer Teil der am Tage gutgemachten Meilen bei der Flaute wieder verloren gegangen war. Der Wind kam aus allen Richtungen der Windrose, meistens aber aus jener Richtung, in die ich segeln wollte, also aus Westen. Immer wieder mußte ich mühsam aufkreuzen.«

Trotzdem ist der Tagesablauf ruhiger als in der Torresstraße. Der Skipper kocht wieder mal Gulaschsuppe, mit den letzten Zwiebeln aus eigenem Garten. So lange haben sie sich, sogar unter tropischen Bedingungen, gehalten, viel besser als die in Panama gekauften Zwiebeln. Das warme Essen ist eine Wohltat. In der Torresstraße gab es keine Zeit zum Kochen, da mußte sich der Einhandsegler eine ganze Woche lang kalt ernähren.

Der kürzeste Weg zum offenen Indischen Ozean hätte »Paloma« dicht an der Insel Melville vorbeigeführt, die vor Port Darwin liegt. Da das Barometer jedoch fällt, macht Meyer einen großen Bogen um dieses Gebiet. In Richtung auf die Insel ist auch sehr oft Wetterleuchten zu sehen. In der Nacht des 25. März macht er eine für ihn neue Beobachtung: Der Mond zeigt einen schwachen Regenbogen. Tags darauf läuft »Paloma« in die Timor-See ein. Der Wind wird günstiger. Zwar ist es noch nicht der Südost-Passat, sondern nur ein Süd- oder Südwestwind, aber er bringt »Paloma« schneller und günstiger voran. Zum erstenmal seit Port Moresby gibt es wieder ein Etmal von über 100 sm, auf das Jörgen Meyer nun schon 22 Segeltage warten mußte.

Aber die nächsten Tage sind wieder flau, und erst am 29. März schickt Neptun den richtigen Südost-Passat mit 4 Windstärken. Es wird auch Zeit; denn »Paloma« nähert sich jetzt den Riffen, die die Timor-See vom Indischen Ozean abgrenzen, und bei dem kräftigen Strom ist es schon wichtig, daß das Boot unter Segeln voll manövrierfähig bleibt. Die Australier haben hier aber starke Seefunkfeuer aufgestellt, so daß man sicher navigieren kann. Um dennoch ganz sicher zu gehen, daß »Paloma« nicht doch noch bei Flaute durch den Strom auf ein Riff getrieben wird, schießt Meyer

Rechts: Die Windsterne für ausgewählte Seegebiete des Indischen Ozeans (analog zu Abbildung Seite 59). Am Ausgang der Torresstraße herrscht im Januar 73 % Ostwind, davon 20 % Bft. 1 bis 3,39 % Bft. 4 bis 5 und 14 % Bft. 6 bis 7 – kein Sturm von Bft. 8 und mehr.

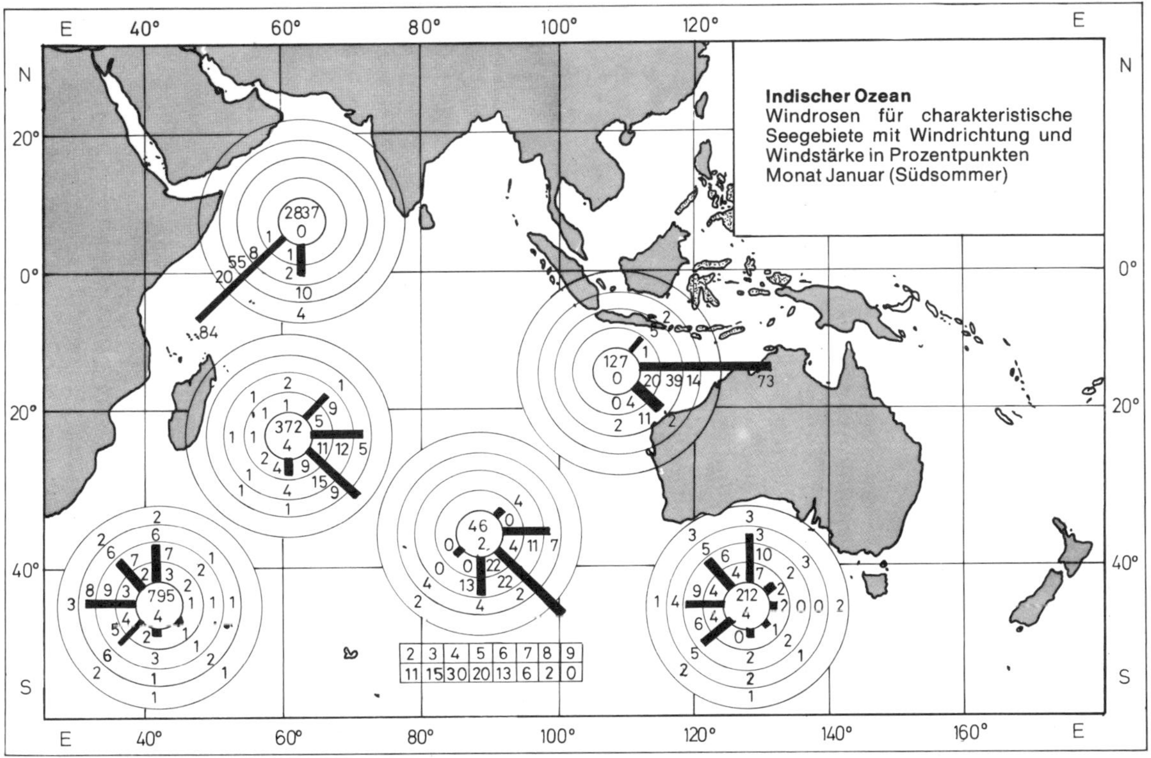

2	3	4	5	6	7	8	9
11	15	30	20	13	6	2	0

Indischer Ozean
Windrosen für charakteristische Seegebiete mit Windrichtung und Windstärke in Prozentpunkten Monat Januar (Südsommer)

nach den Erfahrungen von Moitessier einige Sterne bei Mondlicht. Die so gewonnenen astronomischen Standlinien erlauben die gewünschte genaue Bestimmung der geographischen Breite, während das Seefunkfeuer von Cape Leveque eine ausreichend genaue Länge liefert.

»Man sage nicht, das Schwerste sei die Tat!«

Je mehr die Entscheidungen und Erlebnisse von Jörgen Meyer in dieser Nachbetrachtung zur Selbstverständlichkeit zu werden scheinen, desto mehr verliert der Leser vielleicht den Maßstab für die seglerische Norm, für das Übliche. Hätte auch ein anderer deutscher Segler die gleiche Reise über den Indischen Ozean antreten können? Natürlich, wenn er dieselben nautischen und seemännischen Erfahrungen gehabt und sich die Fahrt zugetraut hätte. Wäre auch ein anderer deutscher Seekreuzer für diese Blauwasserfahrt geeignet und gerüstet gewesen? Selbstverständlich, allein in Deutschland gibt es ihrer Tausend, von annähernd gleicher Form und gleicher Größe wie »Paloma«, und alle würden sie, richtig bemannt und gut ausgerüstet, diese mehrwöchige Fahrt schaffen können. Der Unterschied zwischen Jörgen Meyer mit »Paloma« und einem anderen Segler mit einem ähnlichen Boot, der nur in der Lübecker Bucht oder gegebenenfalls bis in die dänischen Gewässer hinein segelt, liegt ausschließlich im menschlichen Bereich. Er ist eine Sache der Seglerpersönlichkeit.

»Man sage nicht, das Schwerste sei die Tat – da hilft der Mut, der Augenblick, die Regung. Das Schwerste dieser Welt ist der Entschluß!« Dieses Dichterwort kennzeichnet vielleicht am besten den Unterschied zwischen den Seglern, die ihrem Heimatrevier eng verhaftet sind und seine Grenzen (wenn überhaupt) nur mit Landsicht überschreiten, und einem Blauwassersegler, der nach dem Loswerfen der Leinen nur an sein Ziel jenseits eines Ozeans in Tausenden von Meilen Entfernung denkt und an nichts

Rechts: Mit Sturmstärken über Bft. 8 ist zur Zeit des südlichen Sommers nur in den »Brüllenden Vierzigern« südlich von Afrika und Australien sowie im Seegebiet zwischen Indien und Arabien zu rechnen. Von 2837 Beobachtern meldeten jedoch nur 696 Windstärke Bft. 8 und mehr, also 24 %, die hier auf der Basis von 100 Prozentpunkten noch einmal aufgeschlüsselt sind.

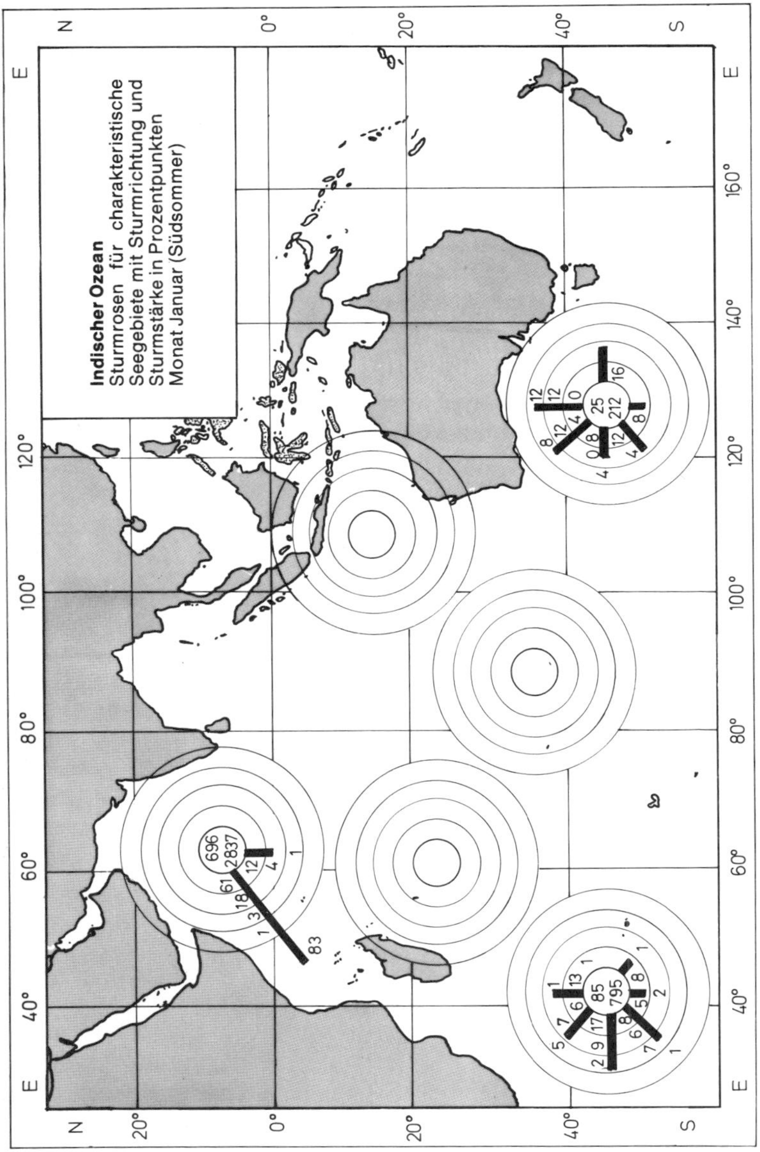
Indischer Ozean
Sturmrosen für charakteristische Seegebiete mit Sturmrichtung und Sturmstärke in Prozentpunkten
Monat Januar (Südsommer)
N
E
S
20°
0°
20°
40°
40°
60°
80°
100°
120°
140°
160°

anderes. Für ihn sind dann die Würfel gefallen wie weiland bei Caesar, als er den Rubikon überschritt, und es gibt keine Rückkehr mehr, nur noch ein Durchhalten. Ähnlich (nur in etwas kleineren geographischen Dimensionen) ist es bei einer Vielzahl unserer Kreuzersegler, die von einer Küste der Ost- oder Nordsee zur anderen segeln; sie können, aber sie müssen nicht durchhalten. Notfalls haben sie immer noch die Möglichkeit, ungünstige, vor ihnen liegende gefährliche Verhältnisse zu meiden und durch Aufgabe aus welchen Gründen auch immer zum Ausgangspunkt zurückzukehren oder zur leichteren Wetterseite auszuweichen.

Ein Blauwassersegler hat diese Möglichkeit zum Aufgeben oder Ausweichen selten. Er vertraut sich den konstanten Wind- und Strombedingungen der Weltmeere an, die nur ein »Weiterfahren« und »Durchhalten« erlauben oder auf deren Kursen das Weitermachen in der vorgesehenen Richtung im allgemeinen einfacher als die Rückkehr ist: Wer mit dem Passat auf dem Nordatlantik die Kanaren hinter sich gelassen hat, läuft raumschots auch über eine längere Distanz bequemer und ungefährlicher, als wenn er gegen den Nordost-Passat zurückkreuzen würde. Wer in der Westwinddrift des Südpazifiks unaufhaltsam weiter in die Kap-Horn-Region geschoben wird, muß durchhalten; er kann nicht unbeschadet aufgeben oder ausweichen.

Sinngemäßes gilt für Jörgen Meyer, der jetzt ein schwieriges Seegebiet hinter sich und eine mehrwöchige Fahrt über einen riesigen, einsamen Ozean vor sich hat: Der Entschluß ist gefaßt, die Tat hat begonnen. Das Ziel ist klar, aber der Ausgang ist offen. So perfekt auch alles geplant und vorbereitet ist, keine Fahrt ist ohne Risiko. Viele mögliche Gefahren mögen dabei erkannt, und auch das Verhalten in Unwägbarkeiten mag vorbereitet sein – aber allen Eventualitäten wird man im vorhinein niemals gerecht werden können.

Der Einhandsegler, der hier nur den Ozean vor, Wind und Strom hinter und sein Boot unter sich hat, ist vielleicht dem Fallschirmspringer zu vergleichen, der mit gut gefaltetem Schirm die Luke des Flugzeugs verläßt und die Sekunden zählt, bis er die Reißleine ziehen muß: Er hat alles getan, damit sich der Schirm im rechten Augenblick richtig entfaltet und ihn sicher zur Erde trägt. Beim Sprung ist er der Gefangene seines Entschlusses. Seine Tatkraft ist begrenzt. Beide sind Sportler, der Segler wie der Flieger, und ihr Sport ist nicht ungefährlich – ebenso wenig wie der

Nautische Tips für Blauwassersegler

Tip 23:

Gezeitentafeln sind teuer, und der Sportsegler kann sie nur an wenigen Punkten seiner Weltumseglung ausnutzen. Am Westausgang der Torresstraße bei Hammond Rock fließen die Gezeitenströme jedoch zur Springzeit mit über 7 kn in die eine oder andere Richtung, so daß der Start von einem Hafen oder die vorgesehene Ankunftszeit am Endpunkt einer Enge schon genau auch nach dem Gesichtspunkt der Gezeiten festgelegt werden sollte. Jörgen Meyer segelte aus diesem Grunde sehr schnell und früh aus Port Moresby ab und erreichte den Ausgang der Enge bei Hammond Rock wenige Stunden bevor der Strom kenterte und ihm mit einer Geschwindigkeit von 4,5 kn entgegenstand. Er hätte dann eine Tide warten müssen und wäre bei weiterer Verspätung von Port Moresby aus immer mehr in die Springzeit hineingekommen. Empfehlenswert, nach dem Erreichen der Arafura See, die schon zum Indischen Ozean gehört, über die Küstenfunkstelle Thursday Island Telegramme zu senden, daß man diese schwierige Passage hinter sich hat.

Tip 24:

Wer in unbekannte Seereviere segelt, informiere sich auch über Fischgründe und die mögliche Anzahl von Fischdampfern in ihren Fangbereichen. Insbesondere wo kalte Meeresströmungen weit in Tropenzonen hineinreichen und somit genügend Nahrung für eine Vielzahl von Meeresbewohnern transportieren, ist das Zusammentreffen mit Fischereifahrzeugen, die dann Wegerecht auch gegenüber Sportseglern haben, zu befürchten. Zu diesen Gebieten gehören unter anderem das Vorfeld (200 sm) vor der peruanischen Küste im Humboldstrom, das Küstengebiet vor Nordwestafrika im Kanaren-Strom, Südafrikas Westküste im Benguela-Strom und andere. Ein Einhandsegler sollte hier bei Nacht nie ohne Licht fahren und den Wachrhythmus der besonderen Gefahrensituation beim Begegnen mit Fischereifahrzeugen und ihren langen, weitflächigen Fanggeräten anpassen.

des Skispringers: Wenn er an der Spitze der Sprungschanze die Luke verläßt und mit atemberaubender Geschwindigkeit auf der schneeglatten Bahn hinabsaust, ist diese Schußfahrt nicht mehr aufzuhalten. Auf dem Sprungtisch muß er richtig abheben, konzentriert und mit Körperbeherrschung fliegen und beim Aufsprung alle Muskeln richtig einsetzen. Zwischendurch kann ihm niemand helfen; das Risiko des Sprunges muß er selbst meistern. Auch ein tagelanges Training und hundertfache Proben können menschliches Fehlverhalten, eine unerwartete Bö oder andere Unwägbarkeiten für einen Fehlsprung mit Gefahr für Leib und Leben nicht ausschließen.

Oder der Turmspringer, der haushoch über dem Wasser auf den Zehenspitzen am Rande der Plattform balanciert, um rücklings-vorlings zu einem kunstvollen Sturz mit einer ganzen Schraube anzusetzen und den Körper dann beherrscht ohne Spritzer in das nasse Element eintauchen zu lassen. Nach dem Entschluß, hoch oben auf dem Turm Aufstellung zu nehmen oder von der Plattform abzuheben, ist er bei der Ausführung, während der Tat, in seinem Risiko allein. Er muß richtig und sicher unten ankommen. Es gibt kein Zurück mehr – nicht wie bei einem Filmtrick: wieder auf den Turm in die Ausgangsstellung zurück –, sondern nur noch Durchhalten und Kämpfen.

Abwägen und Kämpfen, das sind auch die Eigenschaften eines Blauwasserseglers: Gerade bei einer so langen und schnellen Reise wie der Weltumseglung Jörgen Meyers bei »Paloma«, bei der es eigentlich so wenige spektakuläre Ereignisse gibt, sind diese beiden Seglereigenschaften nicht zu übersehen. Zugegeben, niemand ist gegen Havarien gefeit; Materialfehler und auch Fehlhandlungen der Crew sind niemals auszuschließen. Aber die Leistung eines Seglers wird nicht durch Notfälle deutlich, in die er zuerst einmal hineingeraten muß, um dann übermenschliche Leistungen zu ihrer Bewältigung vollbringen zu müssen. Im Gegenteil: Wer nur wenige Zwischenfälle erlebt, der hat seine Fahrt am besten vorbereitet, sein Boot am sichersten ausgerüstet. Vielleicht hat er auch ein bißchen mehr Glück gehabt – aber erinnern wir uns: »Glück hat auf die Dauer nur der Tüchtige.«

Die Öffentlichkeit interessiert sich vorwiegend für Sensationen. Diese Sensationen enthält die schnelle Einhand-Weltumseglung Jörgen Meyers nicht. Aber sollte sich die Segleröffentlichkeit darum weniger für diese Reise interessieren? Sie ist ein Muster-

Nautische Tips für Blauwassersegler

Tip 25:

Bei Zielfahrten auf einen Leuchtturm und ein wie eine Richtbake dahinterliegendes Funkfeuer kann man auch einen genauen Schiffsort bestimmen, wenn man den Abstand nach der Methode »Leuchtfeuer in der Kimm« mißt. Dabei zahlt es sich aus, wenn man seine Augeshöhe über Deck verändern kann, z. B. wenn man das Feuer auf Deck noch nicht, auf dem Großbaum stehend aber gut sieht und mit dieser Differenz der Augeshöhe interpolieren kann. Dann zahlen sich auch Steigeisen am Mast oder Webleinen in den Wanten für die genaue Abstandsbestimmung aus. Jörgen Meyer hat hierbei das Feuer Bramble Cay mit 21 m über dem Meeresspiegel in einem Abstand von 13 sm gemessen.

Tip 26:

Natürlich kann man auch Sterne beim Mondlicht schießen, doch dann ohne Fernrohr, mit beiden Augen geöffnet! Man hat dann nicht nur ein Gefühl, wo die Kimm liegen muß, sondern kann sie auch viel besser als mit einem Fernrohr vor dem Auge erkennen. Wenn man dann Sterne auswählt, die möglichst genau im Norden oder im Süden des Schiffsortes liegen, erhält man günstige Standlinien und ein Fehlerdreieck, aus dem man die Genauigkeit der Messung gut beurteilen kann. Auch Jörgen Meyer benutzte diese schon von Moitessier empfohlene Methode und zog gleichzeitig ein Seefunkfeuer zur Kontrolle der geographischen Länge heran.

Tip 27:

Im weiten, freien Seeraum kann man die Standortbestimmung vernachlässigen. Der Kurs wird ohnehin nach den Windrichtungen gewählt, und es ergibt sich ein mehr oder weniger ausgeprägter Zickzackkurs zur Generalkurslinie, die durch wenige Wendepunkte festgelegt ist. Bei gutem Wetter ein wahrer Ort alle drei Tage, das ist genug. Nur bei langer Zeit bedeckten Himmels wird man die Sonne schießen, wenn immer es möglich ist, und natürlich vor Schiffahrtstracks oder einige Tage vor einem Landfall.

beispiel für die Maxime »Wägen und Wagen«, nach der deutsche Reeder ihre Schiffe in der Frühzeit des Weltverkehrs über die Ozeane schickten und eines dem anderen nach den verdichteten Erfahrungen der Pfadfinderbesatzungen immer sicherer im Kielwasser folgte. Das soll auch unser Gesichtspunkt sein, wenn wir diese Reise von Jörgen Meyer verfolgen: Nach einem Entschluß die Tat zu betrachten, die jedermann nachvollziehen könnte, wenn er den gleichen Mut zu einem ähnlichen Entschluß hätte und gleichermaßen gut vorbereitet auf seinem Boot in den Kampf mit Wind und Wellen ginge.

Nach den Erfahrungen der Windjammer-Kapitäne über den Indischen Ozean

Der im letzten Jahrzehnt von den Yachtseglern ausgefahrene Weg aus der Torresstraße nach Südafrika folgt zuerst weitgehend dem 10. südlichen Breitenparallel zum ersten Stopp auf den Weihnachtsinseln und zum zweiten auf den Kokosinseln. Das erste Drittel von Port Moresby nach Kapstadt wird damit in mindestens 3 Etappen zurückgelegt, wenn man einen weiteren üblichen Aufenthalt in Bali, auf Timor oder einer anderen der zahlreichen indonesischen Inseln dazuzählt.

Von den Kokosinseln wird dann Mauritius östlich von Madagaskar auf ca. 20° S angesteuert und das zweite Drittel notgedrungen ohne Halt bewältigt. Von der Briefmarken-Insel oder einer ihrer benachbarten Schwestern geht es dann nach Durban weiter, wo auch dieses letzte Drittel noch einmal auf halbem Wege nach Kapstadt unterbrochen wird. Mindestens sechs Teilstrecken also auf der Route der segelnden Globetrotter, die Jörgen Meyer in einer Fahrt ohne Aufenthalt bewältigen wollte. Aber auch seine Route weicht dabei von diesem eingefahrenen Yachtseglerweg ab. Sie folgt dem Track der alten Windjammer, nachdem dieser weit vor der Westküste Australiens erreicht ist, und den Empfehlungen der »Ocean Passages for the World«, wo die gesammelten Erfahrungen der Clipper-Kapitäne festgehalten sind. Hiernach ist der erste Wendepunkt, den wir in unserer Nomenklatur mit »D« bezeichnen wollen, eine Position auf ca. 90° westlicher Länge und zwischen 22° bis 23° südlicher Breite, wo sich der Kurs der »Paloma« mit dem Clipperweg von der Sundastraße nach Kap-

Technische Tips für Blauwassersegler

Tip 28:

Francis Chichester benutzte einen Schlingersitz (siehe Abb.), um bei Arbeiten am Kartentisch oder beim Kochen eine waagerechte und ruhige Ebene zu haben. Jörgen Meyer hatte eine abnehmbare

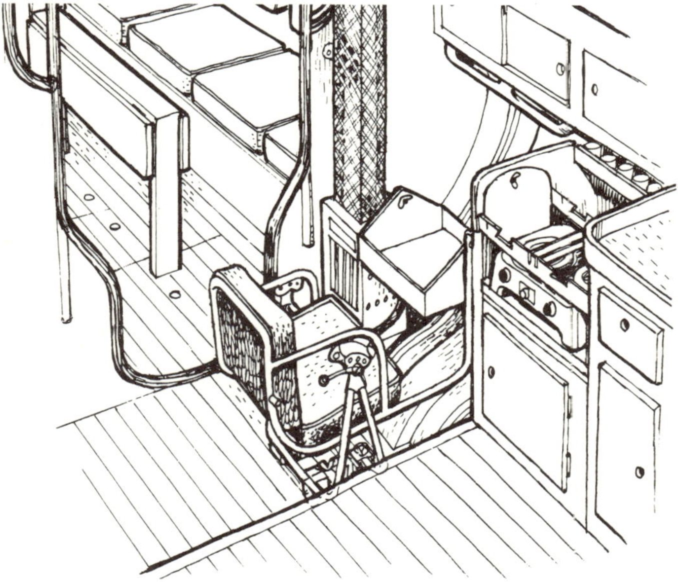

Schwingkoje an Bord, weil er die Rollbewegungen im Passat fürchtete. Sie sollte in der Dinette aufgehängt werden, wenn man den Kajüttisch auf das Niveau der Sitzfläche absenkte. Halbkardanisch schwingend, wollte er dort wie in einer Hängematte liegen. Der Platz dazu ist ideal, denn die Kojenachse kann weitgehend in der Nähe der Längsachse liegen, und ein Einhandsegler hat ohnehin mehrere andere Kojen zur Auswahl, wenn er seinen normalen und besten Schlafplatz wählt. Durch die Gutartigkeit der »Paloma« waren die Rollbewegungen jedoch so gering, daß Jörgen Meyer auf den Aufbau dieser Schwingkoje während des ganzen Jahres seiner Weltumseglung verzichten konnte.

stadt vereinigen wird. Von hier aus führt die Route der Segelschiffe auf gleicher Breite westwärts bis ca. 23° S und 63° E, unserer Kursmarke »E«. Anschließend hielten die Clipper-Kapitäne mehr südwärts und steuerten ca. 200 sm südlich an Madagaskar vorbei in Richtung auf die afrikanische Küste, die sie ebenfalls in einem Abstand von 200 Meilen südwestlich von Durban erreichen sollten. Von dieser neuen Kursmarke »F« ging es dann unter der Küste unter Ausnutzung des kräftigen Agulhas-Schiebestromes und gegebenenfalls unter Vermeidung einer hohen See in dem flacheren Wasser der Agulhas-Bank weiter zum Kap der Guten Hoffnung und um dieses herum.

»Paloma« hatte jetzt noch über 5000 sm freien Ozean zu überqueren, fast so viel wie die doppelte Distanz von den Kanarischen Inseln nach Westindien. Dabei würde sie nach den Monatskarten zuerst durch ein Gebiet segeln, in dem zwar an durchschnittlich fünf Tagen im Monat Flaute herrschte, aber andererseits die Winde nicht aus Westen blasen würden.

»Neptun muß aber wohl seine Wetterkarten nicht richtig studiert haben«, berichtet Jörgen Meyer. »Er schickte nämlich zwar reichlich Flauten, aber Wind meist aus westlichen oder südwestlichen Richtungen, und die Flauten waren täglich oft 12 Stunden lang. Trotzdem will ich noch zufrieden sein, weil zwischendurch immer mal wieder Wind kam, denn tagelange, durch keinen Windhauch unterbrochene Flauten sind scheußlich.«

Aber auch in diesen Flautenstunden gibt es interessante Beobachtungen im klaren Seewasser: quicklebendige kleine gelbliche Quallen, die man für Fische halten konnte, weil sie so schnell zu schwimmen verstanden. Ein Hai umkreist »Paloma« in nächster Nähe. Andere Fische von Handgröße schwimmen stundenlang in gleichem Abstand neben dem Hilfsruder der Selbststeueranlage. Auch Tümmler leisten Gesellschaft. Sie sehen wie Delphine aus, sind nur etwas größer, plumper und langsamer. Zum Spielen und Springen verspüren sie keine Lust.

Um diese Jahreszeit kann auch an der Nordwestküste Australiens noch ein tropischer Wirbelsturm entstehen, der hier den Namen »Willy-Willy« führt, aber höchstens zwei Wirbelstürme jährlich registriert die Statistik. Trotzdem macht »Paloma« einen weiten Bogen um dieses Gebiet, wie sie sich auch schon in der Arafura-See und in der Timor-See möglichst weit entfernt von der australischen Nordküste gehalten hat.

Tip 29:

Es empfiehlt sich, ein Seeventil (Absperrschieber) auch in die Auspuffleitung des Motors einzubauen. Dann ist es möglich, auch diesen (bei Betrieb des Motors) Wasserabfluß, der aber ein Wasserzufluß werden kann, wenn der Motor nicht benutzt wird, gegen möglichen Seewassereintritt beim Krängen (wenn er seitlich durch die Außenhaut führt) oder bei achterlicher höherer See (wenn er durch den Spiegel nach außen führt) sicher zu verschließen. Jörgen Meyer stellte z. B. bei der Kontrolle des Ölstands in seinem Dieselmotor fest, daß dieser viel zu hoch war und das Öl dazu noch grau aussah. Es mußte also Wasser in das Schmieröl des Kurbelgehäuses gelangt sein. Beim Ölwechsel erinnerte er sich, daß er dieselbe Erscheinung schon einmal bemerkt hatte, und zwar nach einer längeren Sturmfahrt. Damals hatte er einer undichten Wasserpumpe die Schuld am Wassereintritt in das Kurbelgehäuse gegeben. Als er jetzt aber den Motor vorsichtig von Hand durchdrehte, konnte er hören, wie das über den Kolben in den Zylindern stehende Seewasser durch den Auspuff hinausgedrückt wurde. Ein Blauwassersegler hat unterwegs immer Zeit, den Absperrschieber vor dem Probelauf des Motors zu öffnen, auch wenn dieser in einer Backskiste oder einem Schrankteil an einer nicht einfach zugänglichen Stelle liegt, und nach dem Abstellen des Motors wieder zu schließen. Da das Verhältnis Betriebsstunden zu Standstunden 1 : 50 beträgt, ist die Betätigung des Absperrschiebers und das Schließen dieser Bordwanddurchbrechung geradezu ein Muß.

Tip 30:

Natürlich kann man auch im Ausland sein Boot aufslippen und durch Werften, Werkstätten oder nur den Klubbootsmann Reparaturen ausführen lassen, zu denen der Crew selbst die Sachkenntnis oder Handfertigkeit fehlt. Oft sind aber spezielle Materialien, die zum selbstverständlichen Sortiment eines heimischen Fachbetriebes gehören, dort nicht vorrätig – z. B. Nirosta-Stahl o. ä. Je weiter man sich von seiner heimischen Basis entfernt, desto umfangreicher sollte das Material-Ersatzteillager sein, das ein Blauwassersegler an Bord hat.

Seevögel – einzige, aber stets gern gesehene Begleiter auf der einsamen Fahrt der »Paloma« über die sieben Meere.

Allmählich läßt die tropische Hitze nach. Man merkt, daß auf der Südhalbkugel der Herbst begonnen hat, die Sonne weiter nach Norden wandert und sich »Paloma« auf ihrem Südwestkurs gleichzeitig mehr von ihr entfernt. Erst am 18. April wird der Westwind endgültig durch den Südost-Passat abgelöst. Bei Windstärke 6–7 erzielt »Paloma« in den folgenden Tagen Etmale von 139, 162 und 148 sm und erreicht dadurch trotz Flauten und widriger Winde vom 1. bis zum 21. April, in den 20 Tagen, in denen sie im Indischen Ozean segelt, immerhin noch ein Durchschnittsetmal von 103 sm.

Die zweite Etappe ist nun ein Westkurs zur Kursmarke »E«. Über die Gefahr von Wirbelstürmen macht sich Jörgen Meyer folgende Gedanken:

»In diesem großen Seegebiet war es zwar sehr unwahrscheinlich, aber doch nicht ausgeschlossen, daß ›Paloma‹ in einen tropischen Wirbelstrom geriet. Das Hauptgebiet der sogenannten ›Mauritius-Orkane‹ würde ›Paloma‹ im Mai erreichen. Dann ist die Gefahr nicht mehr groß; denn die Hauptsaison liegt nach dem

Tip 31:

Es bewährt sich die Kombination von terrestrischer und Funknavigation besonders dann, wenn (wie z. B. in der Torresstraße) Leuchttürme den Schiffahrtsweg markieren, auch wenn sie sehr weit auseinander liegen. Am besten wählt man dann seinen Kurs so, daß der angesteuerte Leuchtturm (z. B. Bramble Cay) in Linie mit einem Flugfunkfeuer (z. B. Daru) liegt und man auf den Leuchtturm trifft, wenn man Kurs auf das Flugfeuer hält. Um nicht in Schwierigkeiten zu kommen, wenn der große Funkpeiler ausfallen sollte (z. B. durch mangelnde Spannung der Bordbatterie), empfiehlt sich als Reserve ein tragbares Transistorengerät mit Trockenbatterien, das man notfalls einsetzen kann. Jörgen Meyer benutzte erfolgreich ein kleines »Hitachi«-Funkpeilgerät mit geringem Stromverbrauch und ausreichender Genauigkeit. Bei einer solchen Zielfahrt kann man bekanntlich auch die Funkbeschickung vernachlässigen, wenn man direkt auf das Funkfeuer zuhält, auch über sehr weite, sonst nicht übliche Distanzen.

Tip 32:

Eine kräftige »Flüstertüte«, d. h. ein Sprachrohr mit elektronischem Verstärker, kann bei Annäherung an einen Dampfer gute Dienste leisten, insbesondere, wenn er zur Abgabe eines Telegramms an die Heimatadresse aufgefordert werden soll. Dazu empfiehlt es sich jedoch, Meldestellen mit einfachen, möglichst weltbekannten Ortsnamen zu vereinbaren, die gegebenenfalls die Nachricht an die Angehörigen in kleinere, unbekanntere oder schwer zu buchstabierende Orte weitergeben. Bei Jörgen Meyer machte es z. B. Schwierigkeiten, dem modernen Frachter »Sugela«, Heimathafen Durban, den Wohnort »Unterpfaffenhofen« zu verklaren, oder dieser Name war im weiteren Funkverkehr so verstümmelt worden, daß die Nachricht per Funktelegramm nie ihre Empfängerin erreicht. Hätte man »München«, »Hamburg«, »Lübeck« o. ä. als Bestimmungsort gewählt, wäre jede fernmündliche Nachrichtenübermittlung sicher einfacher gewesen.

vom DHI herausgegebenen ›Handbuch des Indischen Ozeans‹ deutlich in den Monaten Januar bis März. Im Mai ist hier nur durchschnittlich alle 5 Jahre ein tropischer Wirbelsturm zu erwarten. Außerdem würde ›Paloma‹ bei dem vorgesehenen Kurs wohl höchstens nur in einen Orkanausläufer geraten, dessen Gewalt dann schon etwas geschwächt sein würde. Ich hatte Vertrauen zu ›Paloma‹, und glaubte, im Notfall damit fertig werden zu können. Um noch etwas vorsichtiger zu sein, wollte ich in Abweichung von den in ›Ocean Passages‹ gemachten Vorschlägen den 63. Längengrad etwas südlicher als auf dem 23. Breitengrad überschreiten. Der zu erwartende Wind würde dann ungünstiger sein, aber das wollte ich in Kauf nehmen, um einem tropischen Wirbelsturm möglichst aus dem Wege zu gehen.«

Der Wind bleibt in diesen Apriltagen zuerst günstig. »Paloma« segelt bei Windstärken von 4–6 meist unter Genua und Passatsegel, beide ausgebaumt, und zeitweise mit zusätzlichem Großsegel. Sie legt in acht Tagen 1130 sm zurück, entsprechend einem durchschnittlichen Etmal von 141 sm oder einer Durchschnittsfahrt von fast 6 kn.

»Die guten Etmale verlangten natürlich auch kleine Opfer«, berichtet Meyer. »Bei frischem achterlichen Wind ergaben sich gewisse Rollbewegungen, die ich besonders deutlich spürte, als ich zur Saling aufentern mußte, um einen Schäkel am Block des Spinnakerbaum-Aufholers auszuwechseln. Trotzdem wünschte ich mir, daß dieser Wind noch lange durchstehen möge, damit ich früh genug das Kap der Guten Hoffnung erreichte.«

Aber der Wind bläst nicht immer auf Bestellung, und in den ersten Maitagen schwächt er zunehmend ab. Meyer bedauert, sich über 100 sm südlicher als auf dem empfohlenen Windjammer-Weg zu halten – aus Vorsicht gegenüber Wirbelstürmen – und dafür auf den frischeren Passat verzichten zu müssen. Aber am 4. Mai ist endlich der Wendepunkt »E« erreicht, und die afrikanische Küste liegt nun schon fast »vor der Haustür«. Es ist immer erstaunlich, wie relativ Distanzen hauptsächlich in bezug zum Heimathafen werden können: Jörgen Meyer denkt hier schon an die Heimat, an die Weiterfahrt bis zum englischen Kanal, an die schnelle Beendigung der Reise, Heimweh?

»Ich überlegte, ob ich einen Hafen in Südafrika anlaufen oder nonstop bis nach Deutschland weitersegeln sollte. Proviant, Wasser und alle Betriebsstoffe wie Petroleum, Dieselöl und Spiritus

Leistungsvergleich von Meyer und Blyth: Indischer Ozean (1)

Jörgen Meyer startete nach der glücklich beendeten »schnellsten Weltumseglung durch die Südsee« im September 1974 zu einer neuen Einhandfahrt, die ihn diesmal auf dem Klipperweg um die Welt führen sollte, nonstop und dafür in einer größeren und komfortableren Yacht, der »Butera«. Auf dieser Reise, die während der ersten 200 Segeltage (die längste Zeit übrigens, die ein deutscher Einhandsegler ohne Hafenaufenthalt auf See segelte) nautisch einwandfrei und seemännisch sicher bewältigt wurde, ist Jörgen Meyer 1975 im Südpazifik verschollen, irgendwo in der Unendlichkeit der See vor Kap Horn.

Dieser Verlust, der naturgemäß zu einer Vielzahl von Mutmaßungen führen mußte, hat dem toten Einhandsegler manche herbe Kritik eingebracht. Sie erstreckte sich im nachhinein auch auf die vorangegangene, hier beschriebene schnellste Weltumseglung durch die Südsee, die (wie seine letzte Reise) als leichtfertig, leichtsinnig, durch ein Übermaß an Glück begünstigt oder ähnlich abgewertet wurde. Jemand sprach sogar eine Warnung an alle Segler und Segel-Institutionen aus, Fahrten wie die von Jörgen Meyer zu unterstützen, oder bei ihrer Vorbereitung Hilfe zu leisten.

Diese Forderungen scheinen auf mangelnder Kenntnis der seglerischen Leistung Meyers zu basieren. Die See hat bekanntlich keine Galerie, und man kann den Unterschied zwischen einer normalen Leistung, einer Höchstleistung oder sogar einem Rekord nicht, wie in fast allen anderen Sportarten, durch Stoppuhr oder Bandmaß absolut feststellen. Bei einer Regatta sind die Leistungen der Boote und Segler zueinander nur relativ zu ermitteln, und bei Einhandseglern oder Hochseeyachten können sie nur im Vergleich erkannt werden, z. B. bei der Überquerung eines Ozeans zwar in verschiedenen Jahren, aber zur gleichen Jahreszeit, wobei eine Segelzeit zwischen 75 und 86 Tagen gravierende meteorologische Unterschiede weitgehend ausgleicht.

Kurzum: Da Jörgen Meyer seine seglerische Leistung nicht mehr verteidigen kann und sie in Deutschland unterschiedlich bewertet wird, soll noch einmal ein Leistungsvergleich zu anerkannten Hochseeseglern auch auf dem zweiten Teil seiner Strecke geführt werden; leider ist dieses ohne Zahlen, die uns die Logbücher liefern, nicht möglich.

würden mit guter Reserve bis zur Heimat reichen. Dabei dachte ich auch schon an die spätere Fahrt durch den englischen Kanal und die Nordsee, wo nach den ›Monatskarten für den Nordatlantischen Ozean‹ die Sturmgefahr im Juli etwa 1 %, im August etwa 2 % und im September etwa 4 % beträgt. Ich sehnte mich auch schon nach meiner Familie und nach Deutschland.«

In der Nähe der südafrikanischen Küste soll dann versucht werden, über eine Küstenfunkstelle eine Nachricht nach Deutschland zu übermitteln. Aber diese Gelegenheit ist schon viel eher da: Am 4. Mai kommt der Frachter »Sugela«, Heimathafen Durban, auf Rufweite und verspricht, diese Nachricht durchzugeben. Leider kommt sie nicht an – offenbar, weil der Ortsname »Unterpfaffenhofen« im Kauderwelsch der Übermittlung unentwirrbar verstümmelt worden war.

So passiert »Paloma« die Wetterecke am Kap der Guten Hoffnung

Man muß im allgemeinen die Wettereintragungen der Blauwassersegler in ihre Logbücher nehmen, wie sie sind. Nur selten gibt es Gelegenheit, die Bordbeobachtungen mit den synoptischen

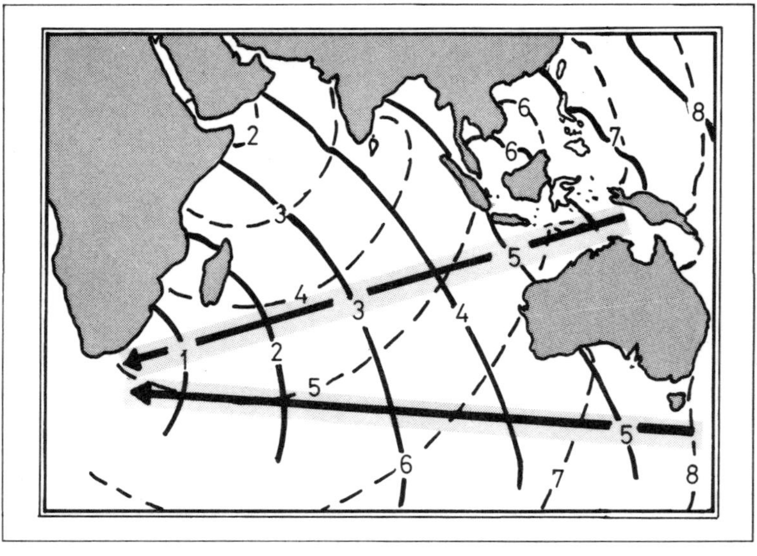

Leistungsvergleich von Meyer und Blyth: Indischer Ozean (2)

Seekarten (und auch die Übersichten in diesem Buch) sind meistens in der Mercatorprojektion gezeichnet, die auch die wesentlich kürzeren Distanzen in den polwärtigen Breiten in scheinbar gleicher Länge wie die in der Nähe des Äquators gezeigten Strecken angibt. Um diesen optischen Trugschluß bei zwei Generalkursen in Äquator- und Polnähe etwas korrigieren zu helfen, sind Maßstäbe neben die Kurse gelegt, um die Strecke (z. B. 300 sm) richtiger zu kennzeichnen.

Wie notwendig dies ist, zeigt ein Vergleich der Fahrt von »Paloma« mit Jörgen Meyer von Port Moresby (Start: 5. 3. 1972) nach Kapstadt (Ankunft: 30. 5. 1972), von der Äquator-Route kommend, und von Chay Blyth in den Vierzigern auf der »British Steel«: Er stand am 12. 3. 1971 südlich von Tasmanien und erreichte das Kap der Guten Hoffnung am 25. 5. 1971. Beide Segler bewältigten den Indischen Ozean zur gleichen Jahreszeit. Meyer benötigte dazu 86 Tage, Blyth jedoch nur 75 Tage – ein verständlicher Unterschied, wenn man bedenkt, daß die »British Steel« ca. viermal so groß wie »Paloma« ist und mehr als dreimal so viel Segelfläche führt.

Der Schein trügt jedoch – nicht zuletzt durch die Mercatorprojektion: Wie die Wegekarte mit den Großkreis-Distanzen, d. h. der tatsächlichen Entfernung auf der (bekanntlich ja runden) Erdkugel gegenüber der (notgedrungen flach abgewickelten Erdoberfläche der) Mercatorprojektion zeigt, beträgt die Distanz von Kapstadt nach Tasmanien (oder umgekehrt) nur 5500 sm, während von Port Moresby nach Kapstadt (oder umgekehrt) 7000 sm zu bewältigen sind. In der längeren Zeit von 86 Tagen hat Meyer mit der wesentlich kleineren »Paloma« eine viel größere Direkt-Distanz zurückgelegt – genau 81,4 sm pro Etmal, auf den kürzesten Schiffahrtsweg bezogen. Chay Blyth hingegen benötigte zwar 75 Tage und damit weniger Zeit – aber seine Distanz war auch um ca. 20 % kürzer. Mit einem Durchschnittsetmal von 73,3 sm war der viel jüngere und kräftigere Segler auf der viel größeren und besser besegelten Yacht »British Steel« somit beträchtlich langsamer.

Die eingezeichneten Windsterne und Strompfeile zeigen, daß beide Generalkurse ihre Licht- und Schattenseiten haben und die Nachteile nicht ausschließlich bei Blyth auf der Südroute liegen.

Wetterkarten zu vergleichen, die von den staatlichen meteorologischen Diensten für das gleiche Seegebiet am gleichen Tage herausgegeben worden sind. Solche Vergleiche sind von großem Wert: Zeigen sie doch, wie es (insbesondere) zu einem berichteten schweren Wetter kam, wo die Zentren hohen und niedrigen Luftdrucks zu dieser Zeit lagen und insbesondere welche Tiefdruckgebiete bzw. Sturm- oder Orkantiefs einen Einfluß auf das Seegebiet ausübten, durch das die Route der Yachtsegler führte.

»Paloma« steht am 15. Mai 1972 ca. 200 Seemeilen südlich von Madagaskar, als der Wind von Ost auf Südost dreht und der Luftdruck zu fallen beginnt. Um Mitternacht Wetterleuchten. Gegen 03.50 Uhr am 16. Mai birgt Jörgen Meyer bei SSE 8 sein einziges Segel und läßt um 07.00 Uhr bei vollem Sturm (SSE 9–10) »Paloma« vor Topp und Takel seitlich treiben, weil sich der Seegang erst allmählich aufbaut. Der Luftdruck sinkt nicht unter 1014 mb und beginnt am Vormittag wieder leicht zu steigen. Um 10.00 Uhr setzt »Paloma« bei 1016 mb und SSE 8–9 das Trysegel und macht damit 3 kn Fahrt.

»An diesem Mittag des 16. 5. war die Sonne nur einmal durch die Wolken hindurch schwach zu erkennen, und zwar gerade zur Kulminationszeit, so daß ich zwar die geographische Breite einigermaßen genau berechnen konnte, aber nicht die Länge. Um 14.20 Uhr blies es aus SE mit 7–8 Bft. Ich setze die Fock III zusätzlich zum Trysegel. Das hätte ich besser nicht getan, denn um 15.50 Uhr regnete es bei SE 9. Schwere Brecher schlugen auf Deck. Der Seegang hatte inzwischen Zeit gehabt, sich stärker aufzubauen. Um 17.30 Uhr wurde die Fock III bei SE 10 geborgen, so daß nur noch das kleine Trysegel stand. Das Cockpit schlug wiederholt halb voll Wasser. Es wäre ganz voll geworden, wenn ich nicht die Cockpitabflüsse durch die Werft größer als normal hätte machen lassen. Wenn ich auch noch das Trysegel geborgen hätte, um »Paloma« seitlich treiben zu lassen, bestand die Gefahr des Überrollens um die Längsachse, denn die Seen waren jetzt sehr steil und brachen mit großer Gewalt.«

Die tägliche Wetterkarte des Verkehrsministeriums der Republik Südafrika zeigt für den 16. Mai 1972, 12.00 Uhr mittlere Greenwicher Zeit (mit »Palomas« Position zu dieser Zeit), daß ein Tief am Südausgang der Straße von Madagaskar das Wetter auf See und dem benachbarten Festland bestimmt. Die »Paloma« liegt sehr nahe an ihrem Kern mit einer gemeldeten Windge-

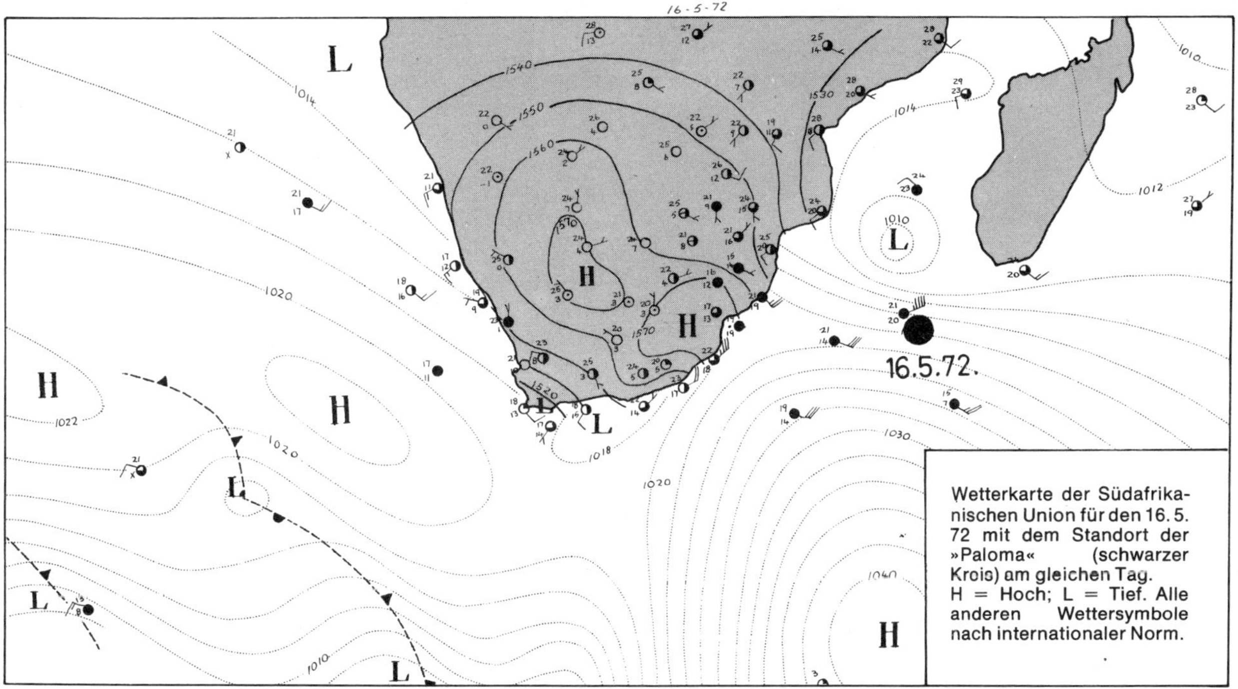

Wetterkarte der Südafrikanischen Union für den 16. 5. 72 mit dem Standort der »Paloma« (schwarzer Kreis) am gleichen Tag.
H = Hoch; L = Tief. Alle anderen Wettersymbole nach internationaler Norm.

schwindigkeit von 45 kn auf nahezu identischer Position – das ist Windstärke 9.

Auch die anderen Wetterkarten des Monats Mai zeigen, daß nicht nur Tiefs von Südwesten (aus der Westwinddrift) zum Kap ziehen, wie es die Wetterkarten vom 24. bis 28. Mai zeigen, sondern daß in der Straße von Madagaskar und über den angrenzenden Land- und Seegebieten ständig ein Tiefdruckgebiet liegt, das mit seinen oft stürmischen Winden in diesem Monat weitflächig über den Weg der Yachtsegler nach Durban, Port Elizabeth oder direkt nach Kapstadt hinübergreift. Erst am Morgen des 17. Mai kann »Paloma« bei Ostwind 6–7 wieder Fock III setzen, als die beiden Hochdruckgebiete über dem Indischen Ozean und dem afrikanischen Festland das Madagaskar-Tief wieder weiter nach Norden zurückgedrängt haben.

Ihren Wendepunkt »F« erreicht »Paloma« am 23. Mai. Jörgen Meyer steht jetzt 200 sm von Durban entfernt in einem Abstand von knapp 60 sm vor der afrikanischen Küste und setzt seinen Kurs nach Südwesten parallel zum Küstenverlauf ab. »Näher an Land wäre zwar der Agulhas-Strom noch stärker, d. h. günstiger gewesen«, rechtfertigt er diese Kurswahl, »aber andererseits ist nachts die Navigation durch die Landnähe und den Dampferverkehr schwieriger. Das der Küste vorgelagerte Schelf wollte ich erst am nächsten Tage bei Tageslicht ansteuern.«

Der Mai gehört nicht zu den günstigsten Monaten, um das Kap der Guten Hoffnung von Ost nach West zu umrunden: Juni, Juli und August sind zwar noch schlechtere Monate, aber die beste Zeit für Segler im Januar und Februar, den Hochsommermonaten der Südhalbkugel, ist unerreichbar vorbei. Wer bei Kap Agulhas zu weit nach Süden gerät, muß mit einer Sturmhäufigkeit von 20 % rechnen.

Um Mitternacht vom 23. zum 24. Mai passiert »Paloma« East London und steht am Mittag des folgenden Tages nur 40 sm von Port Elizabeth entfernt. Tag und Nacht hatte ein Nordost-Sturm von 7–8 »Paloma« vor sich hergejagt, daß es in der Plicht nur so spritzte, schäumte und brauste. So ergibt sich am 24. Mai, vorwiegend nur unter Fock III, das beste Etmal der ganzen Weltumseglung mit 183 sm, entsprechend einer Durchschnittsfahrt von 7,6 kn. Dabei hat jedoch der Agulhas-Strom mit ca. 2 kn kräftig mitgeschoben. In der Nacht fällt das Barometer schnell von 1017 auf 1009 mb und am Morgen des 25. Mai auf 1004 mb. Die

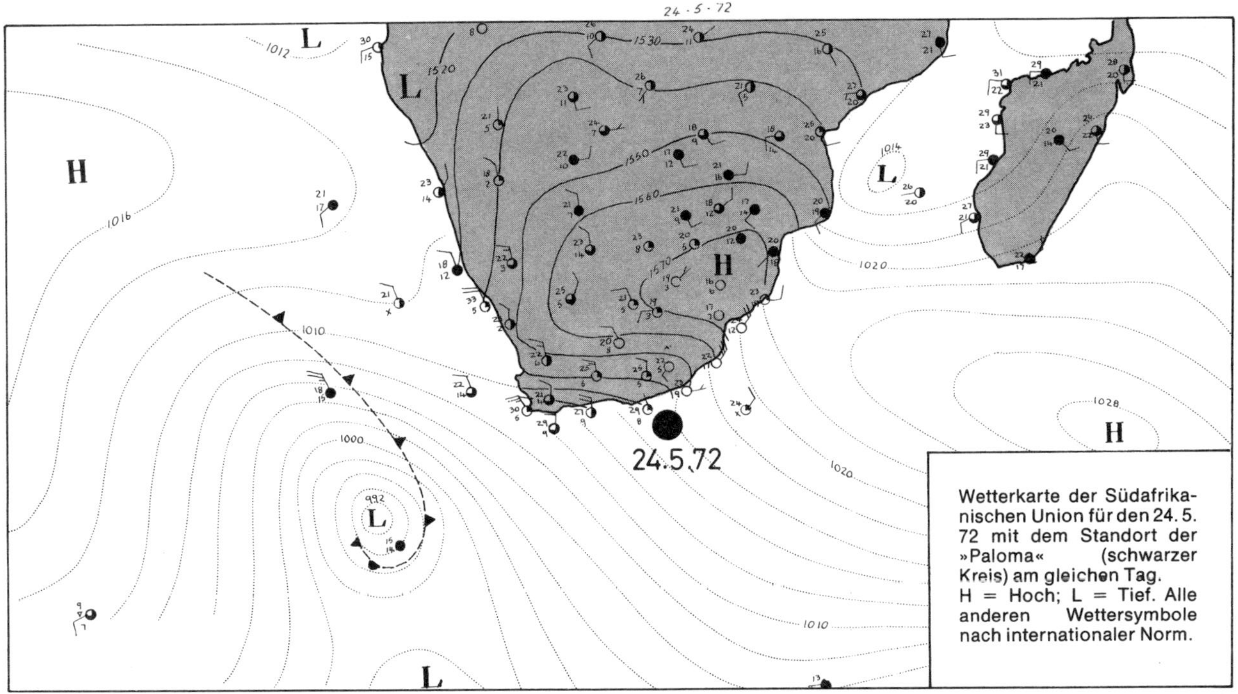

Wetterkarte der Südafrikanischen Union für den 24. 5. 72 mit dem Standort der »Paloma« (schwarzer Kreis) am gleichen Tag.
H = Hoch; L = Tief. Alle anderen Wettersymbole nach internationaler Norm.

Wetterkarten zeigen, wie dieses herannahende Sturmtief am 24. 5. mit seinem Kern noch ca. 500 sm südwestlich des Kaps liegt, seine Kaltfront am 25. 5. über das Seegebiet der »Paloma« bringt und Jörgen Meyer dabei gleichzeitig im Kern eines Teiltiefs mit 1004 mb liegt. Westwind mit 30 kn Geschwindigkeit wird von den Stationen der Südküste gemeldet. Zur selben Zeit, am 25. Mai mittags, schreibt Jörgen Meyer in sein Logbuch:

»Ich wartete auf den Sturm, der bei dem inzwischen erreichten Luftdruck von 1003 mb nicht mehr fern sein konnte. Er kam um 13.35 Uhr mit SW 8. Großsegel und Genua wurden geborgen und durch die Fock III ersetzt. Ich hielt es für ausgeschlossen, bei diesem Wetter Kap Agulhas erreichen zu können. Bei Bft. 9 barg ich die Fock und lief unter bloßem Mast zurück in Richtung Port Elizabeth, um in diesem Hafen Schutz zu suchen. Um 17.30 Uhr flaute der Wind auf Bft. 7–8 ab, und ich versuchte, dagegen anzukreuzen. Nach zwei Stunden gab ich diese vergeblichen Versuche bei Bft. 8 auf und lief unter Fock III wieder in Richtung Port Elizabeth ab.

Andererseits stieg der Luftdruck jetzt schnell. Ich barg das Segel, um nicht unnötig Raum zu verlieren, und wartete auf besseres Wetter. Um 05.00 Uhr am 26. 5. blies es mit W 6. Ich setzte das gereffte Großsegel und Fock III und kreuzte wieder nach Westen. Ich wollte den Kampf nicht aufgeben! Um 08.30 Uhr hatte Neptun ein Einsehen. Er schickte Nordwind mit Bft. 3–4 und einen steigenden Luftdruck von 1011 mb.«

Aber die Freude wird, wie ein Blick auf die Wetterkarten vom 25. und 26. Mai 1972 zeigt, nicht von langer Dauer sein: Um 14.50 Uhr melden sich Vorboten der nächsten Kaltfront, die der gerade passierten unmittelbar folgt, und in der Nacht zum 27. 5. muß »Paloma« bei Westwinden ab 7, die auf West-Nordwest drehen und bis Windstärke 9 auffrischen, nacheinander alle Segel bergen.

»Glücklicherweise war der Seegang in dem verhältnismäßig flachen Wasser der Agulhas-Bank nicht sehr hoch«, berichtet Jörgen Meyer. »Unter nacktem Mast lief ›Paloma‹ mit einem Kompaßkurs von 120° vor dem Sturm ab. Dabei regnete es stark, und die Mittagsposition konnte nicht bestimmt werden. Meine Stimmung war aber gut, denn nach den bisherigen Erfahrungen hielt ich es für wahrscheinlich, daß der Sturm nicht lange andauern würde. Jedenfalls dachte ich nicht daran, in einen sicheren Hafen zurückzusegeln, sondern nahm in Kauf, ohne Segel mit etwa 3 kn

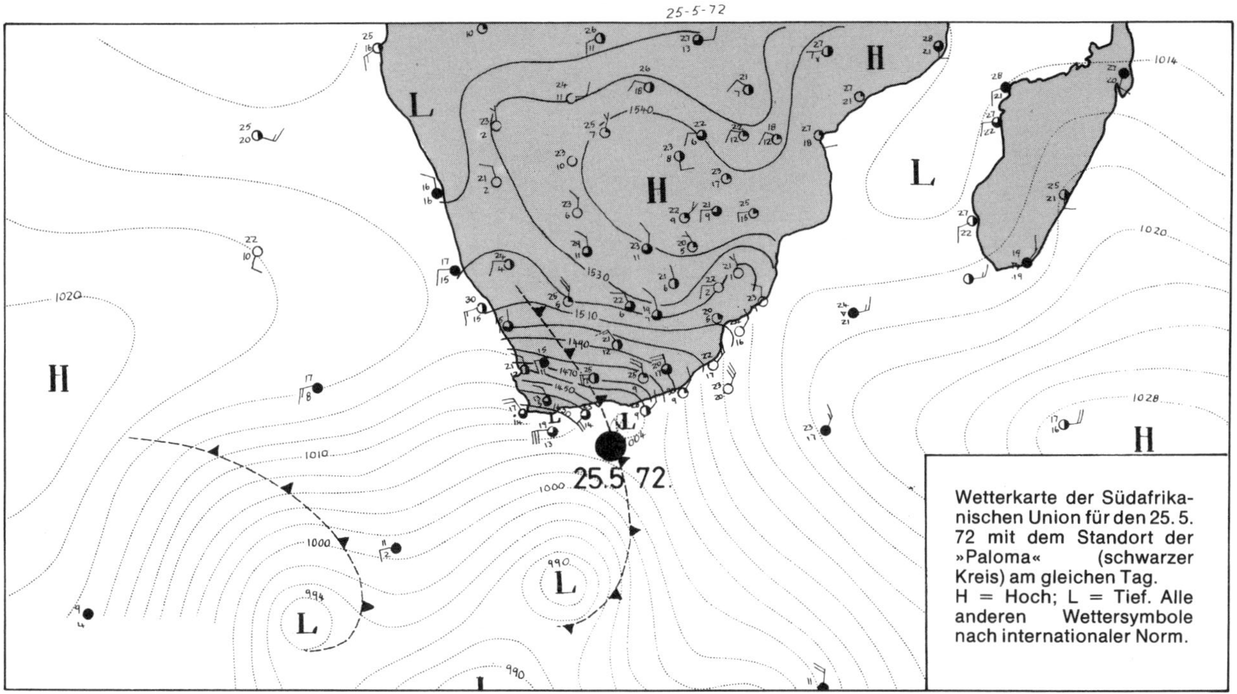

Wetterkarte der Südafrikanischen Union für den 25. 5. 72 mit dem Standort der »Paloma« (schwarzer Kreis) am gleichen Tag.
H = Hoch; L = Tief. Alle anderen Wettersymbole nach internationaler Norm.

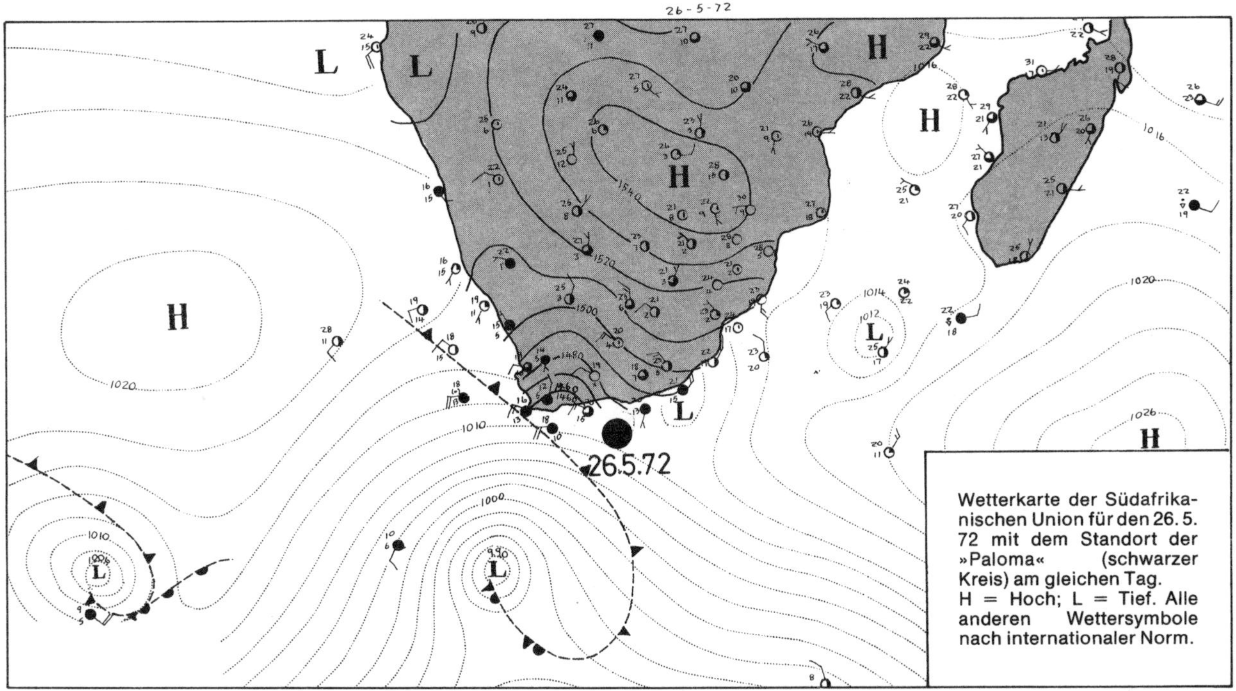

Wetterkarte der Südafrikanischen Union für den 26. 5. 72 mit dem Standort der »Paloma« (schwarzer Kreis) am gleichen Tag.
H = Hoch; L = Tief. Alle anderen Wettersymbole nach internationaler Norm.

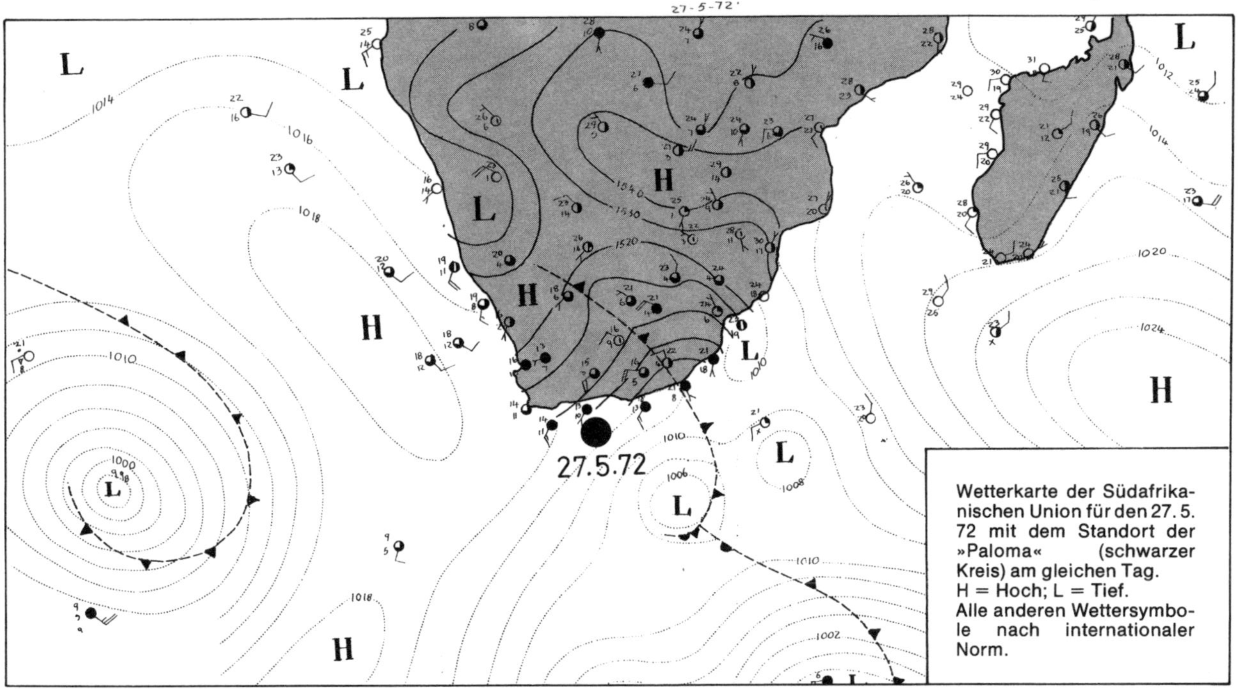

Wetterkarte der Südafrikanischen Union für den 27. 5. 72 mit dem Standort der »Paloma« (schwarzer Kreis) am gleichen Tag.
H = Hoch; L = Tief.
Alle anderen Wettersymbole nach internationaler Norm.

Fahrt in die falsche Richtung zu treiben. Um 16.00 Uhr konnte ich bei WNW 7 wieder das gereffte Großsegel und Fock III setzen. Allerdings machte mir eine hohe Dünung zu schaffen.«

Am Mittag des 28. Mai ist der Indische Ozean fast bezwungen: Die bisher von Regenwolken zugedeckte Küste gibt die Leuchtfeuer frei, und bei einer Vollzeugbrise aus Ost-Südost sowie einem inzwischen auf 1017 mb gestiegenen Luftdruck kommt das Kap stündlich näher. Aber die vergangenen Tage und Nächte sind für den Skipper anstrengend gewesen. Der Schiffsverkehr war äußerst stark, und an Schlaf war selten zu denken. Darum schert »Paloma« jetzt aus dem Dampfertrack nach Süden aus, und Jörgen Meyer kann im Cockpit längere Schlafpausen einlegen.

Als die Südspitze Afrikas endlich umrundet ist und Kapstadt schon in Sichtweite liegt, schläft der Wind ganz ein. Jörgen Meyer wirft den Motor an und motort in den Yachthafen ein, wo er vom Kommodore des Royal Cape Yacht Club willkommen geheißen wird. Auch hier ist die Hilfsbereitschaft in den nächsten Tagen groß. Man bietet »Paloma« den besten Liegeplatz an, selbstverständlich kostenlos, und erledigt zahlreiche Telefongespräche, ebenfalls ohne Gebühren. Jeden Tag ist Jörgen Meyer bei einem anderen Segler zum Essen eingeladen. Auf Autofahrten wird ihm die nähere Umgebung in der Kapprovinz gezeigt. »Paloma« erhält auf dem Slip einen neuen Unterwasseranstrich. Bei anderen Überholungsarbeiten und insbesondere der Reparatur verschiedener Motorteile hilft ein junger Deutscher, Lothar Schreiber.

Das nautische Fazit: Seit »Paloma« am 5. März Port Moresby verlassen hat, sind bis zum 30. Mai 1972 86 Tage vergangen, in denen insgesamt 7646 Seemeilen mit einem durchschnittlichen Etmal von ca. 89 sm zurückgelegt wurden. Seit dem Start in Brunsbüttel am 8. September 1971 hat »Paloma« 22507 sm plus 46 sm im Panamakanal zurückgelegt, und es besteht gute Aussicht, das Ziel zu erreichen, innerhalb eines Jahres mit der »Paloma« den Erdball umrunden zu können.

Auf den nächsten Seiten folgen die Logbuchauszüge dieser Etappe als Fortsetzung von Seite 87 und nach dem 23. 3. 1972:

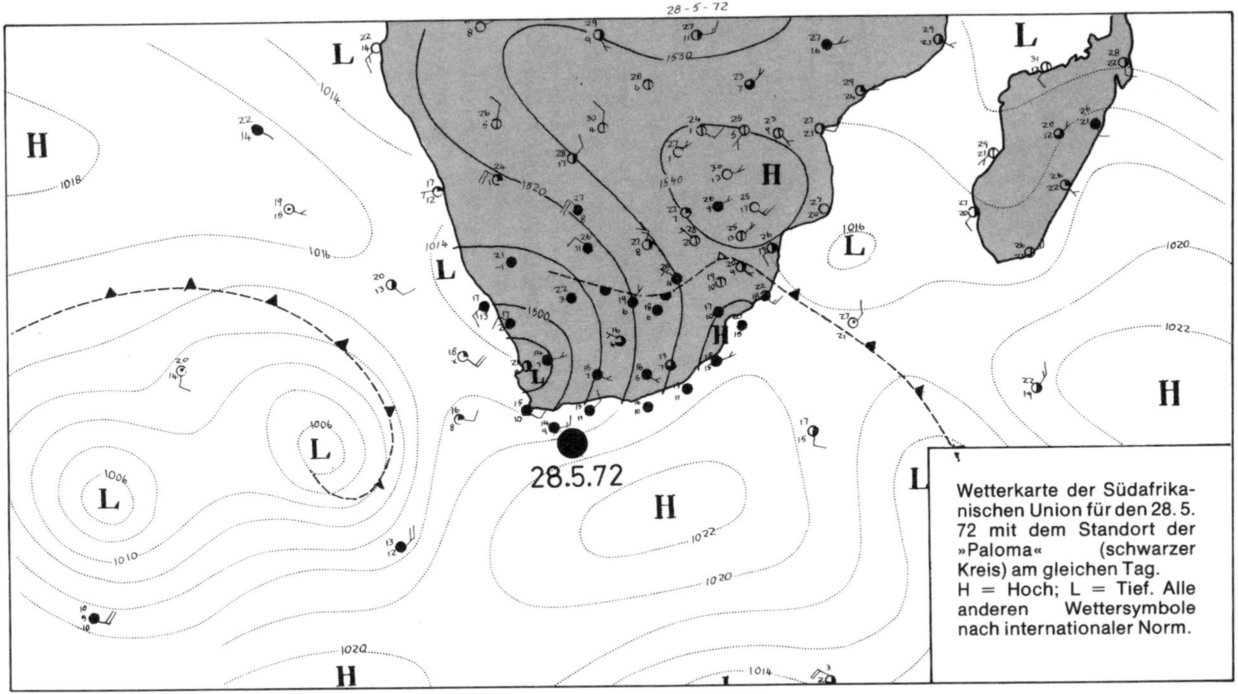

Wetterkarte der Südafrikanischen Union für den 28. 5. 72 mit dem Standort der »Paloma« (schwarzer Kreis) am gleichen Tag. H = Hoch; L = Tief. Alle anderen Wettersymbole nach internationaler Norm.

Datum	Standort Breite (S)	Standort Länge (W)	Wind Richtung	Wind Stärke	Seegang (Dünung)	Bewölk. %	Kurs Grad	Segel	Fahrt Kn	Etmal sm
24. 3. 72	10° 11′	131° 35′	WSW	3	2 (3)	75	227	G+Ge	3	47
25. 3. 72	unbekannt		N	4	3	100	237	G+Ge	3,5	120
26. 3. 72	9° 23′	129° 38′	S	5–6	3	100(R)	242	Ge	4	
27. 3. 72	9° 38′	127° 49′	SSW	4	2 (3)	75	259	G+Ge	4	110
28. 3. 72	10° 08′	126° 20′	SW	4	2 (3)	50	176	G+Ge	4	94
29. 3. 72	10° 22′	125° 37′	W	2	1 (3)	75	293	G+Ge	3	45
30. 3. 72	11° 42′	124° 32′	SE	4	2 (3)	50	237	G+Ge	5	103
31. 3. 72	12° 50′	123° 27′	SE	3	2 (3)	25	257	G+Ge	4	94
1. 4. 72	13° 04′	122° 18′	SE	2–3	1 (2)	0	252	G+Ge	3	70
2. 4. 72	12° 49′	121° 41′	SSW	1–2	0 (2)	25	268	G+Ge	2	40
3. 4. 72	13° 14′	120° 45′	S	1	1 (2)	0	247	G+Ge	1	60
4. 4. 72	13° 35′	119° 26′	SSW	2–3	1 (2)	25	277	G+Ge	3,5	81
5. 4. 72	14° 02′	119° 10′	WSW	1–2	1 (3)	25	287	G+Ge	1	31
6. 4. 72	14° 13′	117° 55′	SSW	3	2 (3)	25	266	G+Ge	3,5	74
7. 4. 72	14° 36′	116° 31′	SSW	3	2 (3)	50	261	G+Ge	4	86
8. 4. 72	15° 26′	114° 39′	SSE	4–5	2 (4)	50	245	G+Ge	5	120
9. 4. 72	16° 16′	113° 06′	E	2	2 (4)	25	165	G+Ge	3,5	104
10. 4. 72	16° 39′	111° 22′	SE	2–3	2 (4)	50	254	G+Ge	4	103
11. 4. 72	17° 30′	109° 17′	SE	5–6	3 (4)	50	248	G+Ge	6	132
12. 4. 72	18° 43′	107° 22′	SE	2	2 (4)	75	258	G+Ge	3	126
13. 4. 72	19° 11′	105° 35′	SE	2	2 (4)	75	261	G+Ge	3	111
14. 4. 72	19° 36′	103° 52′	E	2	(3)	25	251	G+Ge	3	101
15. 4. 72	19° 53′	102° 10′	NNW	4–5	3 (4)	50	251	G+Ge	5	100
16. 4. 72	20° 35′	100° 25′	NNW	4	2 (3)	50	250	G+Ge	4	108
17. 4. 72	21° 09′	98° 35′	S	6	4	50	267	Ge	5,5	109
18. 4. 72	21° 16′	96° 26′	S	6	4	75	265	Ge	5,5	122
19. 4. 72	21° 32′	94° 00′	SSE	6	4	75	274	Ge	5,5	139

20. 4. 72	21° 54′	91° 10′	SSE	6	4	75	252	Ge	6	162
21. 4. 72	22° 53′	88° 46′	ESE	6	4	75	269	Ge	6	148
22. 4. 72	22° 40′	86° 13′	SE	5	4	50	277	Ge+P	6	144
23. 4. 72	23° 00′	83° 59′	E	5	4	50	263	Ge+P	5,5	127
24. 4. 72	23° 06′	81° 25′	E	5	4	50	261	Ge+P	5	144
25. 4. 72	23° 10′	78° 51′	E	4–5	3	50	270	Ge+P	5	144
26. 4. 72	23° 12′	76° 36′	E	2	1 (3)	25	274	Ge+P	3	126
27. 4. 72	23° 06′	74° 05′	SE	4	2 (3)	25	277	G+Ge+P	4	141
28. 4. 72	23° 01′	72° 27′	SE	3	2 (3)	25	266	G+Ge+P	3,5	91
29. 4. 72	23° 33′	70° 34′	E	2–3	1 (3)	75	257	G+Ge+P	3	110
30. 4. 72	23° 39′	68° 23′	NNW	5	2 (3)	75	253	G+Ge	5	122
1. 5. 72	23° 34′	66° 51′	WSW	3	1 (3)	50	302	G+Ge	3	86
2. 5. 72	23° 47′	65° 35′	S	5	3 (4)	50	251	Ge	5	72
3. 5. 72	24° 48′	63° 56′	E	1–2	1 (3)	0	266	G+Ge+P	2	111
4. 5. 72	24° 47′	62° 55′	SW	1–2	1 (2)	50	271	G+Ge	2	56
5. 5. 72	25° 04′	61° 53′	SSE	2–3	2 (4)	25	265	G+Ge	3,5	60
6. 5. 72	24° 45′	59° 49′	ENE	3	2	50	265	Ge+P	4	121
7. 5. 72	25° 58′	58° 27′	ENE	1–2	1 (3)	75	265	G+Ge+P	2	75
8. 5. 72	26° 11′	57° 13′	N	2	1 (3)	75	261	G+Ge	3	68
9. 5. 72	26° 06′	55° 49′	E	3	2 (3)	75	261	G+Ge	4	74
10. 5. 72	unbekannt		NE	7	4	100	252	P	5,5	214
11. 5. 72	26° 47′	51° 56′	N	1–2	1 (3)	25	363	G+Ge	2,5	
12. 5. 72	27° 00′	50° 23′	NE	4	3	50	253	G+Ge+P	5	85
13. 5. 72	27° 25′	48° 10′	NE	4	3	50	250	G+Ge+P	5	121
14. 5. 72	28° 03′	46° 24′	E	3–4	3	100	248	Ge+P	4	100
15. 5. 72	28° 24′	44° 23′	ESE	5	3–4	100	256	F 2+P	5	108
16. 5. 72	unbekannt		SSE	8–9	6	100	248	Sg	3	196
17. 5. 72	29° 25′	40° 52′	E	6–7	5	75	258	Sg+F 3	5	
18. 5. 72	29° 54′	39° 00′	SE	4	2 (3)	50	256	Sg+F 3+P	3,5	102

Datum	Standort		Wind		Seegang	Bewölk.	Kurs	Segel	Fahrt	Etmal
	Breite (S)	Länge (W)	Richtung	Stärke	(Dünung)	%	Grad		Kn	sm
19. 5. 72	30° 58′	37° 21′	SW	2	1 (3)	25	297	G+Ge	1,5	108
20. 5. 72	30° 51′	36° 09′	SW	5	3	75	257	Ge	4	62
21. 5. 72	31° 47′	34° 02′	S	4–5	3	75	251	Ge	4	122
22. 5. 72	32° 34′	32° 00′	E	2	2 (3)	50	256	Ge+P	3,5	114
23. 5. 72	32° 54′	29° 42′	NNE	6	4	75	242	Ge	5	118
24. 5. 72	34° 10′	26° 24′	NNW	4	2	25	271	G+Ge	4	183
25. 5. 72	34° 27′	24° 09′	SW	8	2	75	90	F 3	3	113
26. 5. 72	34° 22′	24° 14′	NW	4	2 (3)	75	260	G+Ge	4	6
27. 5. 72	unbekannt		WNW	8–9	5	100R	110	ohne	1,5	} 186
28. 5. 72	34° 52′	20° 32′	S	3	2 (3)	100	278	G+Ge	3,5	}
29. 5. 72	34° 50′	18° 52′	NE	3	2	25	310	G+Ge	3,5	83
30. 5. 72	33° 55′	18° 27′	an Kapstadt							
8. 6. 72	ab Kapstadt		N	3	2 (3)	50	290	Sg+Ge	4	–
9. 6. 72	unbekannt		NW	7–8	5	75	344	Sg+F 3	4	132
10. 6. 72	32° 52′	16° 10′	W	1–2	2 (4)	100	322	G+Ge	2	
11. 6. 72	32° 39′	14° 51′	NNW	3	2 (3)	50	280	G+Ge	3,5	68
12. 6. 72	33° 06′	13° 15′	WNW	7–8	4–5	75	352	F 1	3	59
13. 6. 72	31° 43′	13° 16′	S	1	1 (3)	50	299	G+Ge	2	88
14. 6. 72	31° 10′	°11 48′	ESE	3	2 (3)	75	311	G+Ge+P	5	83
15. 6. 72	29° 48′	9° 38′	ESE	2	2 (3)	45	311	G+Ge+P	3,5	141
16. 6. 72	28° 47′	8° 23′	W	3	2 (3)	75	312	G+Ge	4	90
17. 6. 72	27° 53′	6° 05′	SSW	3	2 (3)	75	329	G+Ge+P	4	134
18. 6. 72	26° 23′	4° 28′	SSE	4–5	3	100	326	Ge+P	5	125
19. 6. 72	25° 02′	2° 42′	NE	2–3	2 (3)	75	305	G+Ge	3,5	126
20. 6. 72	unbekannt		ESE	2	2 (3)	100	321	G+Ge	3	194
21. 6. 72	23° 21′	0° 16′	SSE	4	2 (3)	75	311	G+Ge	5	

21. 6. 72		Länge (E)								
22. 6. 72	unbekannt		S	2–3	2 (3)	100	316	Ge+P	3,5	270
23. 6. 72	20° 52′	3° 49′	E	4–5	3	75	318	G+Ge+P	5	
24. 6. 72	19° 35′	5° 28′	SSE	4	3	50	317	G+Ge+P	5	125
25. 6. 72	17° 48′	6° 35′	E	2–3	2 (3)	100	322	G+Ge	3	125
26. 6. 72	16° 34′	8° 09′	ENE	2–3	1 (3)	50	316	G+Ge+P	3,5	117
27. 6. 72	14° 56′	9° 20′	ESE	3–4	3	25	328	G+P	4	120
28. 6. 72	13° 31′	11° 04′	ESE	4–5	3–4	50	328	G+P	5	133
29. 6. 72	11° 47′	12° 28′	ESE	4–5	3–4	75	318	G+P	5	134
30. 6. 72	10° 13′	13° 52′	ESE	4–5	3–4	50	318	G+P	5	126
1. 7. 72	8° 42′	15° 40′	E	5	3–4	50	344	G+P	5	141
2. 7. 72	6° 36′	16° 38′	E	4	3	50	334	G+Ge	5	139
3. 7. 72	4° 40′	17° 37′	E	2–3	2 (3)	50	315	G+Ge+P	4	130
4. 7. 72	3° 12′	19° 30′	E	3–4	3	50	315	G+Ge	5	143
5. 7. 72	1° 21′	20° 25′	E	4	3	75	319	G+Ge	5,5	124
6. 7. 72	Breite (N)									
6. 7. 72	0° 18′	22° 06′	ESE	4	3	25	317	G+Ge+P	5,5	142
7. 7. 72	1° 53′	22° 06′	ESE	4	3	50	335	G+P	5,5	160
8. 7. 72	3° 53′	25° 35′	ESE	3–4	3	50	330	G+P	5	145
9. 7. 72	5° 18′	26° 37′	SE	3	2 (3)	25	320	G+Ge+P	4	105
10. 7. 72	6° 35′	27° 50′	SE	2–3	2	50	307	G+Ge+P	3	106
11. 7. 72	7° 19′	28° 36′	SSE	2	2 (3)	75	330	G+Ge	3,5	64
12. 7. 72	8° 24′	29° 32′	S	1–2	1 (3)	75	311	G+Ge	2	86
13. 7. 72	9° 34′	30° 15′	NE	3–4	2 (3)	50	326	G+Ge	4,5	82
14. 7. 72	11° 25′	31° 42′	NE	4	2 (3)	25	321	G+Ge	5	141
15. 7. 72	13° 03′	33° 11′	NE	4	2 (3)	50	316	G+Ge	5	132
16. 7. 72	14° 48′	34° 45′	NNE	3	2 (3)	25	311	G+Ge	4	140
17. 7. 72	16° 34′	36° 09′	ENE	4–5	3	25	326	G+Ge	5	133
18. 7. 72	18° 38′	37° 19′	ENE	5	3	75	326	G+Ge	6	141
19. 7. 72	20° 26′	38° 44′	E	4	2	75	346	G+Ge	5	135

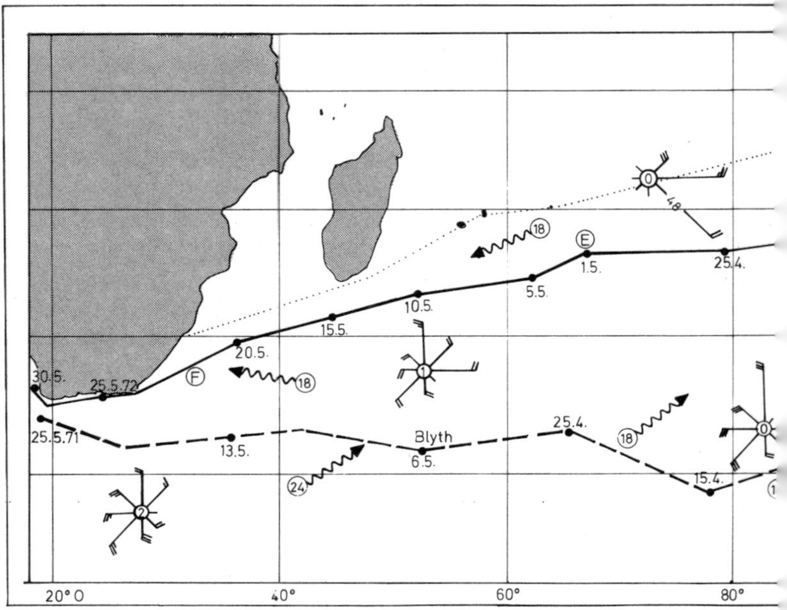

Die Kurse von Jörgen Meyer (fette Linie) und Chay Blyth (gestrichelt) mit den Wind- und Stromverhältnissen der Monatskarten über den Indi-

Seglerstatistik Indischer Ozean
(gemäß Logbuch der »Paloma«, siehe Seite 87, 124, 125, 126)

A. **7 646 Seemeilen in 85 Tagen**
Durchschnittsetmal 90 sm
Durchschnittsgeschwindigkeit 3,75 kn (6,95 km/h)
Geschwindigkeitsgrad R = 2,60

B. Windstärken:

2 Tage Flaute	14 Tage Bft. (4–) 5
18 Tage Bft. (1–) 2	9 Tage Bft. (5–) 6
18 Tage Bft. (2–) 3	2 Tage Bft. (6–) 7
19 Tage Bft. (3–) 4	1 Tag Bft. (7–) 8
	2 Tage Bft. (8–) 9

das heißt in %: 83 % (71 Tage) Segelbrisen (Bft. 0–5)
13 % (11 Tage) Starkwind (Bft. 6–7)
4 % (3 Tage) Sturm (Bft. 8 und mehr)

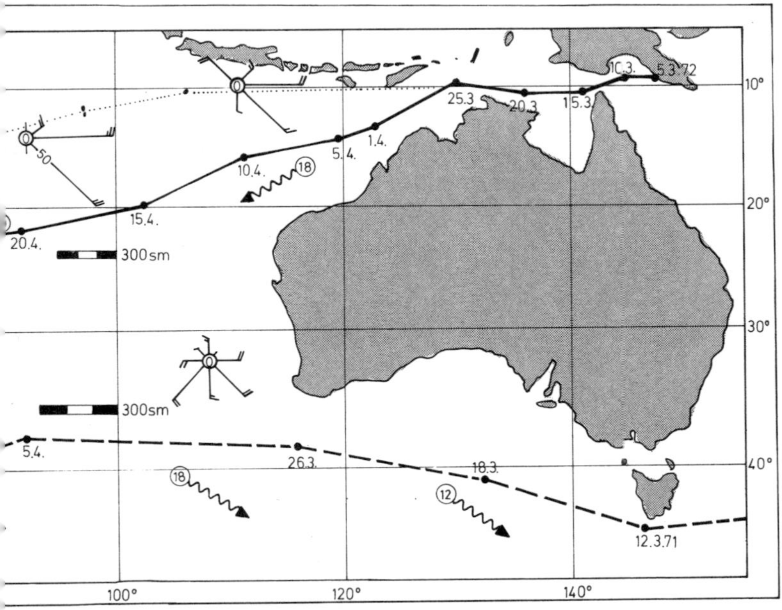

schen Ozean. Die genauen Standorte der »Paloma« und ihre Segelführung sind aus den Logbuchauszügen ersichtlich.

C. Segelführung: 52 Tage Vollzeug
16 Tage Passatsegel
10 Tage nur ein Vorsegel
7 Tage Sturmbesegelung

das heißt in %: 61 % Vollzeug
19 % Passatsegel
12 % nur ein großes Vorsegel
8 % Sturmbesegelung

D. Bewölkung: 3 Tage wolkenlos (0 % bew.)
15 Tage heiter (25 % bew.)
26 Tage halb bedeckt (50 % bew.)
28 Tage wolkig (75 % bew.)
13 Tage bedeckt (100 % bew.)

das heißt in %: 4 % wolkenlos
18 % heiter
30 % halb bedeckt
33 % wolkig
15 % bedeckt

Die letzte Etappe bis Cuxhaven – nur noch ein Klacks?

Meteorologische Kursmarken bestimmen den Weg nach Norden

In einem Brief hatte Meyers ältester Sohn seinem Vater nach Kapstadt geschrieben, daß der Rest der Reise, die Fahrt vom Kap der Guten Hoffnung bis zur Elbmündung, für ihn sicher nur ein Klacks sei – so verändern sich die Maßstäbe: Zwar lagen jetzt schon 22500 sm in 232 Segeltagen hinter der » Paloma« und nur noch etwas über 8000 sm und ca. 80 Segeltage vor dem Einhandsegler – aber diese Distanz ist doch ein Vielfaches der Strecke, die ein deutscher Seesegler in einer ganzen Seglersaison zurücklegt, und selbst tüchtige Kreuzersegler brauchen manchmal ein ganzes Jahrzehnt, um diese Distanz zu bewältigen.

Jörgen Meyer hatte es diesmal versäumt, sich eine langfristige und weiträumigere Wettervorhersage bei der meteorologischen Station des Flughafens zu beschaffen, wie er es immer tat. Er hatte sich nur auf den örtlichen Rundfunk verlassen, und dieses Vertrauen sollte sich bitter rächen: Der Luftdruck, der am Morgen des 8. Juni 1972 noch 1015 mb betragen hatte, fällt um 12.30 Uhr auf 1011 mb, als »Paloma« die Leinen im Yachtclub loswirft. Nachts erreicht er 1006 mb. Dabei bezieht sich der Himmel, und der Wind nimmt zu. Um 01.25 Uhr wird bei NW 6 die Genua gegen Fock II ausgewechselt und das Großsegel gerefft, um 03.40 Uhr wird bei Nordwest 6–7 das Großsegel geborgen. Um 08.10 Uhr fällt bei NW 9 auch die Fock. Als Meyer, mit Sicherheitsleinen geschützt, auf dem Vorschiff arbeitet, steigt ein Brecher in die Plicht ein und überschwemmt die Kajüte. Das Wasser dringt durch

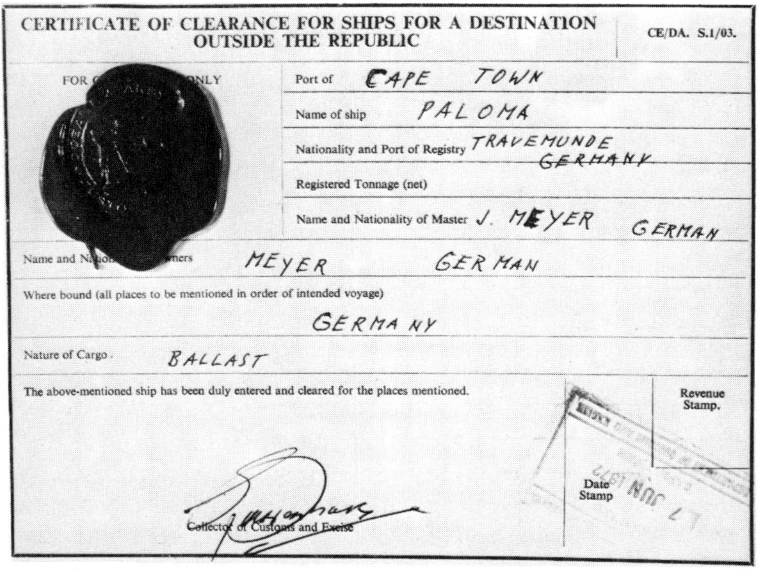

CERTIFICATE OF CLEARANCE FOR SHIPS FOR A DESTINATION OUTSIDE THE REPUBLIC

CE/DA. S.1/03.

FOR C[illegible]NLY

Port of CAPE TOWN

Name of ship PALOMA

Nationality and Port of Registry TRAVEMUNDE GERMANY

Registered Tonnage (net)

Name and Nationality of Master J. MEYER GERMAN

Name and Na[illegible]ners MEYER GERMAN

Where bound (all places to be mentioned in order of intended voyage)

GERMANY

Nature of Cargo. BALLAST

The above-mentioned ship has been duly entered and cleared for the places mentioned.

Revenue Stamp.

Date Stamp

Collector of Customs and Excise

Der Einklarierungsschein der »Paloma« in Kapstadt: Ein rotes Siegel für einen Segler ohne Ladung, der nur mit Ballast fährt.

die Jalousien des Steckbretts ein und steht über den Bodenbrettern, als der Skipper zum Umziehen wieder nach unten geht. Das zweite Steckbrett mit fester, durchsichtiger Wand aus Plexiglas wird eingesetzt.

In dieser Situation bewährt sich auch eine Änderung der Selbststeueranlage, die Meyer in Kapstadt vorgenommen hat: Bisher war es ein Nachteil, wenn »Paloma« zum Beispiel unter Großsegel und Fock in frischer Brise luvgierig wurde oder sich beim Segeln nur unter einem Vorsegel Leegierigkeit einstellte, daß man dem Ruder nicht genug Spiel zu einer Seite geben konnte. Jetzt hatte sich der Skipper an jeder Seite der Ruderpinne, wo bisher die Steuerleinen der Selbststeuerung eingehakt wurden, kurze Ketten anbringen lassen, in deren Glieder nun die verkürzten Steuerleinen auf unterschiedlichen Längen eingehakt werden konnten. Auch wenn bei Geradeausfahrt die Pinne nicht mittschiffs lag, ließen sich die Haken zur Begegnung der Luv- oder Leegierigkeit in Sekundenschnelle einstecken.

Am 9. Juni läßt sich die Mittagsposition wegen des bedeckten Himmels nicht bestimmen. Auch hat sich inzwischen ein beträchtlich hoher Seegang aufgebaut. Jörgen Meyer schätzt ihn auf 9 m Höhe und meint, daß er tatsächlich dann wohl 7 m gehabt hätte. Am Vormittag wird bei NW 8–9 zuerst das Trysegel gesetzt, gegen Mittag folgt bei Nordwest 8–7 Fock III. Erst in der Abenddämmerung flaut es ab, und bei WNW 4–5 um Mitternacht kann »Paloma« erstmals wieder Vollzeug tragen und am Wind 4 kn Fahrt laufen.

Jörgen Meyer folgt auch hier, auf seinem Nordkurs durch den Süd- und Nordatlantik, den Empfehlungen der »Ocean Passages for the World« nach den Erfahrungen der alten Windjammer-Kapitäne auf ihrer Fahrt von Kapstadt zum Ärmelkanal. Zunächst will er sich gut frei von der afrikanischen Küste halten und den hier häufigen nordwestlichen, stürmischen Winden ausweichen – nach diesem Vorgeschmack nicht nur Empfehlung, sondern auch Bedürfnis. Dann ist (als seine Kursmarke »G«) die Insel St. Helena anzusteuern. Er will sie an Steuerbord lassen, weil die Dampferrouten nach Europa und Amerika sie an Backbord passieren, also östlich an dieser Insel vorbeilaufen. Von hier aus geht es weiter zur Insel Ascension (seiner Kursmarke »H«), die aus den gleichen Gründen ebenfalls an Steuerbord bleiben soll.

Nach den Erfahrungen der Segelschiffahrt soll man im Monat Juli den Äquator zwischen 20° und 25° W überschreiten. Dieser Punkt wird die Kursmarke »I« werden. Um den Nordost-Passat so bald wie möglich zu erreichen, steuere man im Juli und August eine Position auf ca. 10° N und etwas westlich von 30° W an (der Kursmarke »J«), bis zwischen dem 26. und 28. nördlichen Breitengrad und zwischen dem 38. und 40. westlichen Längengrad der Passat wieder verloren wird – am Wendepunkt »K«, von wo man zuerst auf NO- und dann auf ONO-Kurs den Ärmelkanal ansteuert. Dabei soll man sich in den Monaten Juni bis August etwa 250 Meilen westwärts von den Azoren halten, wo als letzte Kursmarke »L« vorgesehen ist.

Unsere Kurskarten zeigen, daß »Paloma« hierbei zwar einen weiten Umweg durch den Süd- und besonders den Nordatlantik zurücklegt, aber fern der Küste doch Wind- und Strombedingungen antrifft, die »raum«, d. h. frei sind und das Boot schieben helfen, ohne ungünstig aus dem vorderen Sektor, entgegen der Fahrtrichtung zu wirken und den Seekreuzer vielleicht sogar zum

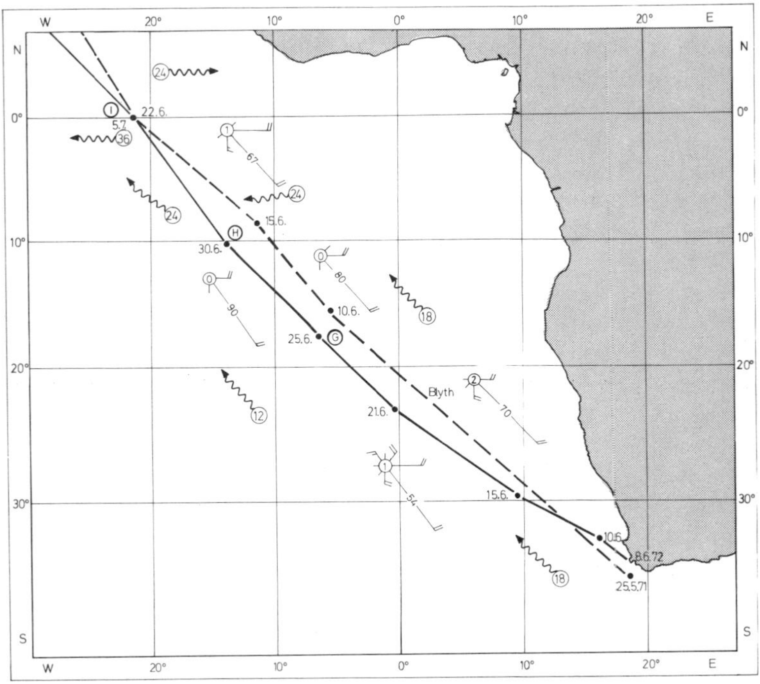

Der Seglerweg der »Paloma« (fette Linie) über den Südatlantik mit seinen Kursmarken: G die Insel St. Helena, H die Insel Ascension und I die Position, an der nach den Erfahrungen der Segelschiffahrt, die im Buch »Ocean Passages for the World« überliefert sind, zu dieser Jahreszeit der Äquator übersegelt werden soll, um aus dem Südost-Passat schnell in das Gebiet des Nordost-Passats zu gelangen. Die gestrichelte Linie stellt den Kurs der »British Steel« dar, die von Chay Blyth zu gleicher Zeit ein Jahr zuvor auf gleicher Route geführt wurde. Beide Yachten nutzten die vorherrschenden raumen Winde und einen Schiebestrom von durchschnittlich ca. einem Knoten vorteilhaft aus, wie die eingezeichneten Windsterne und Strompfeile für die durchsegelten Gebiete in den entsprechenden Zeiten zeigen. Der Kurs führt dabei am Ostrand des großräumigen Hochdruckgebietes entlang, das ganzjährig über dem Südatlantik liegt und auf seinem Ostteil für günstige, nicht zu frische Südostwinde sorgt. Dieser Seglerwind ist weitgehend frei vom Schiffahrtstrack, der im Nord-Süd-Verkehr als direkter Weg von Küste zu Küste, d. h. von Dakar nach Kapstadt verläuft.

Kreuzen mit einem nicht weniger beträchtlichen Zusatzweg auf einer Zickzackbahn gegen den Wind zu zwingen.

Am 12. Juni kommt ein koreanischer Fischdampfer auf Rufweite heran und fragt Jörgen Meyer nach Nationalität und Bestimmung. Männer so entfernter Nationen begrüßen sich hier, auf der freien See! Das Gebiet mit den ungünstigen Nordwestwinden ist noch nicht verlassen. Zwar kann »Paloma« am Kompaß 0° halten – aber die Mißweisung beträgt −24°. Immerhin kann »Paloma« jetzt Distanz nach Norden gutmachen; bei den bisherigen Nordwestwinden war es nicht möglich, Westkurs zu halten und von der afrikanischen Küste freizukommen. Mit dem Vorsegel allein und bei dem Sturm und hohem Seegang wurde »Paloma« immer etwas nach Süden abgetrieben.

So quält sich Meyer mit wechselnden Winden, Gegenwinden und schließlich zunehmend schwachen Winden, die ihm Etmale weit unter 100 sm bringen, bis er am Mittag des 15. Juni das erste »anständige« Etmal dieses Reiseabschnittes verbuchen kann: 141 sm.

An diesem Tage steht »Paloma« auf 9° 38′ östlicher Länge. Meyers Gedanken wandern in die Zukunft. Er schreibt in seinem Logbuch: »Meine ›Paloma‹ segelte jetzt nach Westen und mußte später wieder nach Osten zurück. Wenn sie dabei wieder auf 9° 38′ E angelangt sein würde, hätte sie schon die Schleusen von Brunsbüttel hinter sich gelassen und führe im Nordostsee-Kanal. Ich hoffte, daß dies noch im Monat August Wirklichkeit werden würde. Voraussetzung wäre ein Durchschnittsetmal nicht unter 100 sm ab Kapstadt. Ich mußte mich bemühen, die schlechten Etmale der ersten Woche auszugleichen und in den Passatgebieten so viel Überschüsse über den 100-sm-Tagesdurchschnitt zu sammeln, daß ich im Gebiet der Mallungen und der Roßbreiten etwas zuzusetzen hatte.«

Doch schon der nächste Tag ist wieder enttäuschend. Der Wind geht auf SW 1–2 zurück, und das Etmal am 16. Juni beträgt nur 90 sm. Aber in den nächsten Tagen wird es besser: Der Wind dreht auf West und frischt auf 4–5 auf. »Paloma« läuft 134 sm und 125 sm in jeweils 24 Stunden und hat dann den Südost-Passat gepackt.

Am 21. Juni übersegelt »Paloma« den südlichen Wendekreis (des Krebses), während gleichzeitig auf der Nordhalbkugel Mittsommernacht herrscht. Die Sonne hat hier den nördlichen Wen-

Nautische Tips für Blauwassersegler

Tip 33:

Das Buch »Ocean Passages for the World« wurde gegen Ende des 19. Jahrhunderts von der britischen Admiralität für die Segelschiffahrt herausgegeben und ist schon zweimal (die 2. Auflage erschien 1975) für die besonderen Bedürfnisse der Blauwassersegler aller Länder mit überraschenden Verkaufserfolgen nachgedruckt worden. Es enthält eine wichtige Karte, »The World Sailing Ships Routes«, mit den Kursen, die nach den Windrichtungen des planetarischen Windsystems, den Meeresströmungen und dem Wechsel der Jahreszeiten bei der Wanderung des meteorologischen Äquators und somit auch der Passatzonen für bestimmte Monate empfehlenswert sind. Der Kauf dieses Buches ist nützlich; aber es enthält auch (in der Mehrheit des Umfanges) Angaben über Dampferrouten und ist somit nur einen (geringen) Teil des Aufwandes wert. (Sicher wird es nicht lange dauern, bis auch eine Vielzahl von Yachtreisen rund um die Welt nautisch ähnlich ausgewertet ist und damit bessere Angaben offiziell für Blauwassersegler vorliegen).

Tip 34:

Die mittlere Greenwicher Zeit (MGZ) ist für alle Gestirnsbeobachtungen wichtig; denn das »Nautische Jahrbuch« oder die »Ephemeriden und Tafeln« für das laufende Jahr enthalten die entsprechenden Werte für jede volle Stunde MGZ. Mit einem guten Rundfunkgerät kann man sich auf die Zeitzeichen verlassen, die über Kurzwelle in ununterbrochener Folge von einigen Spezialsendern ganztägig über den ganzen Erdball ausgestrahlt werden und die MGZ angeben. Ratsam ist es jedoch, sich nicht auf Kurzwellenempfänger zu verlassen, sondern ein Chronometer oder eine genau gehende Uhr an Bord zu haben, deren Gang (der täglich Gewinn oder Verlust) und deren Stand (der Zeitunterschied zur MGZ) bekannt sind. Bewährt hat sich eine Quarzuhr, die im allgemeinen wöchentlich weniger als 5 Sekunden gewinnen oder verlieren soll und die astronomische Navigation zeitzeichenunabhängig machen kann.

dekreis (des Steinbocks) erreicht und wendet sich nun bei ihrer jährlichen Bahn wieder in Richtung auf den Äquator zurück. Für die Menschen der südlichen Hemisphäre ist es die Wintersonnenwende.

Auch in den nächsten Tagen liegen die Etmale weit über der 100-sm-Grenze. Am 25. Juni erreicht Meyer seinen Wendepunkt »G« bei St. Helena, doch wird die Insel außer Sichtweite passiert. Am folgenden Tage gibt es Ärger mit dem Spinnakerbaum. Jörgen Meyer berichtet: »Meine ›Paloma‹ segelte bei Ostwind unter Großsegel, an Backbord nicht ausgebaumtem Passatsegel und der nach Luv an Steuerbord ausgebaumten Genua. Um 18.40 Uhr Bordzeit, als es schon dunkel wurde, frischte es bis Bft. 6 auf. Ich wollte die Genua bergen, aber dabei geriet sie unter den Bug des Bootes. Der Spinnakerbaum knickte an einem Ende ein, und im Segel entstanden Risse von insgesamt fast 3 m Länge. Ich wünschte, ich hätte überhaupt keinen Spinnakerbaum mitgenommen, sondern statt dessen einen zweiten Passatbaum, der dauernd mit seinem oberen Drehpunkt am Mast angeschlagen bliebe und sich leichter bedienen ließe.«

Am nächsten Tag wird das Segel repariert. Es ist eine gemütliche Arbeit. Jörgen sitzt barfuß im Cockpit und näht, während »Paloma« 5 kn Fahrt macht. Das Tonbandgerät steht neben ihm und erfreut ihn mit Musik. Bei einigen Seemannsliedern singt er selbst kräftig mit. In drei Stunden ist die Arbeit geschafft und auch der Spinnakerbaum mit dem vorhandenen Verlängerungsstück wieder auf seine richtige Länge gebracht.

Am 1. Juli wird schon die Kursmarke »H« erreicht, aber auch die Insel Ascension wird außer Sichtweite an Steuerbord passiert. Am 6. Juli überschreitet »Paloma« den Äquator genau am vorgesehenen Punkt »I« zwischen dem 20. und 25. westlichen Längengrad. Der Skipper hat sich noch vor Überschreiten der Linie rasiert und gründlicher als sonst von oben bis unten mit Seewasser und Shampoon abgeseift, um keinen Schmutz von der südlichen in die nördliche Hemisphäre mitzunehmen. Neptun erhält (wie immer bei solchen wichtigen Gelegenheiten) einen ordentlichen Schluck Rum – einerseits als Dank für die bisherige gute Reise und andererseits, um ihn auch bis zur Ankunft in Deutschland freundlich zu stimmen. Natürlich vergißt Jörgen Meyer auch sich selbst nicht; man muß eben die Feste feiern, wie sie fallen, und für einen Einhandsegler sind »Paloma« und Neptun die einzigen Gesell-

Seglerwissen – leicht gemacht

Portugiesische Galeere

Ein seltsamer Meeresbewohner, der zu den Nesseltieren gerechnet wird. Die »Portugiesische Galeere« gehört in die Gruppe der sogenannten »Staatsquallen«, eine staatenbildende Vereinigung von Polypen und Medusen, die aus einem pilzförmigen Stamm und zahlreichen, in die Tiefe reichenden Fangarmen oder Tentakeln besteht. Der Stamm trägt eine meistens durch Einstülpung von außen entstandene und durch eine Gasdrüse aufblasbare, oft in mehrere Kammern unterteilte Schwimmblase, an die sich die schlauchartigen Tiere angehängt haben und entweder zum Fressen, für die Vermehrung oder für die Fortbewegung sorgen. Diese Individuen höherer Ordnung leben als Quallen und Polypen in allen Meerestiefen, während einige ihre Schwimmblase jedoch über die Wasseroberfläche hinaus erheben und zur Fortbewegung auch den Wind ausnutzen. Die zwar schön anzusehende, aber durch ihre Nesselfäden gefürchtete portugiesische Galeere (physalia aretusa) wird auch als »Segler vor dem Winde« bezeichnet, während die mit einem diagonal gestellten, dreieckigen Segel ausgerüstete zierliche Segelqualle (Velella spirans) auch als »Segler bei dem Wind« bezeichnet wird. Das Studium dieser bemerkenswerten Seebewohner gehört bei ruhigem Wetter und von dem nur wenig über dem Wasserspiegel liegenden Bootsdeck auf einem Segelboot, das selbst wenig Fahrt macht, zu den faszinierenden Erlebnissen des Blauwassersegelns.

schafter. Jörgen Meyer erinnert sich: Am 12. Dezember 1971 war er bei den Galapagos-Inseln auf die Südhalbkugel gesegelt, die er jetzt wieder verließ, nach einem Aufenthalt von weniger als 7 Monaten. Wie schnell vergeht die Zeit: Von Kapstadt aus waren schon wieder 3206 sm zurückgelegt worden, 28 Tage lang mit einem Durchschnittsetmal von 114,5 sm. Würde »Paloma« es halten können?

Auch nördlich des Äquators behält »Paloma« ihren NW-Kurs bei. Der zwischen den Passatzonen liegende Gürtel der Mallungen oder Doldrums mit Regen und Windstillen ändert seine Lage mit den Jahreszeiten und bleibt dabei auch nicht überall gleich breit. Aber was die Windkraft hier dem Segler versagt, gleicht die Meeresströmung wieder aus, und mit etwas Glück lassen sich auch die Mallungen bezwingen. Trotz der flauen Winde erreicht »Paloma« zum Beispiel am 7. Juli sogar ein hohes Etmal von 160 sm.

Am gleichen Tag sieht Jörgen Meyer den ersten Wal. »Ich war gerade aus der Kajüte ins Cockpit gestiegen«, berichtet er, »um mich routinemäßig draußen umzusehen. Da entdeckte ich gegen 14.40 Uhr den ungeheuren bräunlichen Körper etwa 20 m achteraus. Er blies eine schöne Fontäne in die Luft. ›Paloma‹ muß in einem Abstand von nicht mehr als 5 m an ihm vorbeigesegelt sein. Mich wunderte, daß er nicht wegschwamm oder wegtauchte. Ich sah ihn noch 5 Minuten lang wiederholt in gewissen Zeitabständen blasen. Dann war er außer Sichtweite. Wahrscheinlich schlief er. Natürlich hätte ›Paloma‹ ihn leicht rammen können – ich hatte mal wieder Glück gehabt!«

Aber als Meyer 10 Minuten später in seiner Kajüte steht, um den Vorfall ins Logbuch einzutragen, wird »Paloma« von einem harten Schlag erschüttert. Jörgen denkt an den Wal und stürzt nach draußen – aber es ist nichts zu sehen. Das bis dahin trockene Deck ist jedoch naß gespritzt. Hat ein Wal mit seiner Schwanzflosse gegen den Rumpf geschlagen und ist dann weggetaucht? Oder hat eine besonders hohe See grünes Wasser an Deck gespült? Irgendwelche Schäden sind glücklicherweise nicht festzustellen.

Die Delphine, die »Paloma« am folgenden Tag einen Besuch abstatten, haben offenbar einen Kampf überstanden. »Ich sah viele Wunden von Handgröße oder etwas kleiner«, erzählt Jörgen Meyer. »Teilweise fehlte nur die dunkle Außenhaut, so daß die weiße Fettschicht darunter freilag. Viele hatten aber auch tiefere Wunden bis ins rohe Fleisch. Trotzdem spielten alle munter.«

Seglerwissen – leicht gemacht

Passatzone

Wenn Jörgen Meyer in seinem Logbuch bemerkt, daß sich »die Begrenzung der Passatzone natürlich von Monat zu Monat verändert, wie man dies sehr anschaulich aus den vom Deutschen Hydrographischen Institut herausgegebenen »Monatskarten für den Nordatlantischen Ozean« ersieht, dann setzt er dabei eine vielfältige Sachkenntnis seiner Leser voraus.

Zuerst der »Passat«: ein Wind des »planetarischen Windsystems« beidseits des Äquators und polwärts bis ca. zu den Wendekreisen, der ganzjährig in gleichmäßiger Richtung und Stärke weht. Durch die Erddrehung wird die über dem Wasser in Richtung auf den Äquator zurückströmende Luft auf der Nordhalbkugel nach Nordost, auf der Südhalbkugel nach Südost abgelenkt, so daß rund um den Erdball nördlich des Äquators der Nordost-Passat und südlich davon der Südost-Passat weht.

Die »Passatzone« ist das Seegebiet, in dem diese Passatwinde unterschiedlicher Generalrichtung anzutreffen sind, mit einem Flautenstrich, den »Mallungen« zwischen sich und polwärts durch einen weiteren weltweiten Flautengürtel, die »Roßbreiten« begrenzt. Die jahreszeitlichen Änderungen des Wetters bedingen, daß diese Passatzone sich mit dem Sonnenstand über der Erde verschiebt: Im nördlichen Sommer wandert sie mit dem meteorologischen Äquator, der zur Mittsommerzeit, am 21. Juni auf ca. 23° Nord, dem nördlichen Wendekreis, liegt, nach Norden, und erreicht im südlichen Hochsommer, zur Zeit unserer europäischen Wintersonnenwende am 21. Dezember, wenn die Sonne über dem südlichen Wendekreis senkrecht steht, eine weit südlich gelegene Position. Die Abbildungen Seite 141 zeigen diese beiden extremen und unterschiedlichen Lagen der Passatzone im Juli und Januar.

In den »Monatskarten des Deutschen Hydrographischen Instituts für den Nordatlantischen Ozean« ist nicht nur die Passatzone eingezeichnet. Hier sind auch die sich durch die Verlagerung der Passatzone in nord-südlicher Richtung ergebenden Änderungen von Windrichtung und Windgeschwindigkeit zu erkennen.

Geographisch genau fixierte Punkte in den »Ocean Passages for the World« entsprechen letztlich dieser »Änderung der Begrenzung der Passatzone von Monat zu Monat« und entheben den Segelschiffs-Nautiker entsprechender langwieriger Überlegungen.

Am 12. Juli kann »Paloma« Regenwasser sammeln. Eine Regenbö füllt in wenigen Minuten eine 10-l-Pütz, die Meyer am Mast unter den Großbaum hängt. Aber er benötigt das »weiche« Wasser nicht. Sein Frischwasser-Vorrat beträgt (vollgetankt) 315 Liter, davon 215 Liter im Haupttank, 50 Liter in einem Gummitank und 50 Liter in Plastikkanistern. Sein Tagesbedarf liegt bei höchstens 1,75 Litern, allerdings verbraucht er dazu noch Fruchtsaft und Bier.

Am 13. Juli erreicht »Paloma« die Kursmarke »J«, die Grenze zwischen den Mallungen und dem Gebiet des Nordost-Passates – etwas früher als erwartet. Nach den »Monatskarten des DHI« muß man in den Mallungen mit durchschnittlich 10 Flautentagen im Monat Juli rechnen. Viele Segler mußten hier in Hitze und schwüler Luft viele Tage aushalten, bis ein günstiger Wind sie erlöste. Jörgen Meyer hat insgesamt nur 2 Flautenstunden erlebt. Nur Glück? Er freut sich darauf, vielleicht doch noch die Olympischen Spiele in München wenigstens am Fernsehschirm miterleben zu können.

Im stetigen Nordost-Passat mit 3–5 Windstärken erreicht »Paloma« vom 14. bis 16. Juli hohe Etmale von 141, 132 und 140 sm. Gleichzeitig steigt der Luftdruck weiter, je mehr die »Paloma« sich dem Kern des Roßbreitenhochs auf dem Atlantik nähert. Hier hat es auf der europäischen Seite den Namen »Azorenhoch« erhalten, während es die Amerikaner »Bermudahoch« nennen. Beide Inselgruppen liegen aber nur am Rande dieses Hochdruckgebietes, das auch das Wetter auf dem Pazifischen und dem Indischen Ozean und sinngemäß auf der Nord- wie auf der Südhalbkugel bestimmt – unter der einheitlichen Bezeichnung »Roßbreitenhoch«.

Am 16. 7. 72 kreuzt »Paloma« ihren Auslaufkurs: nach neun Monaten und fünf Tagen

Der 16. Juli ist ein historischer Tag für den Weltumsegler Jörgen Meyer: Er erreicht die gleiche Position, an der »Paloma« auch am 11. Oktober 1971 stand, als sie von Brunsbüttel nach Panama segelte. Er kreuzt damit seinen Auslaufkurs und vollendet die Weltumseglung im eigentlichen Sinne. Neun Monate und fünf

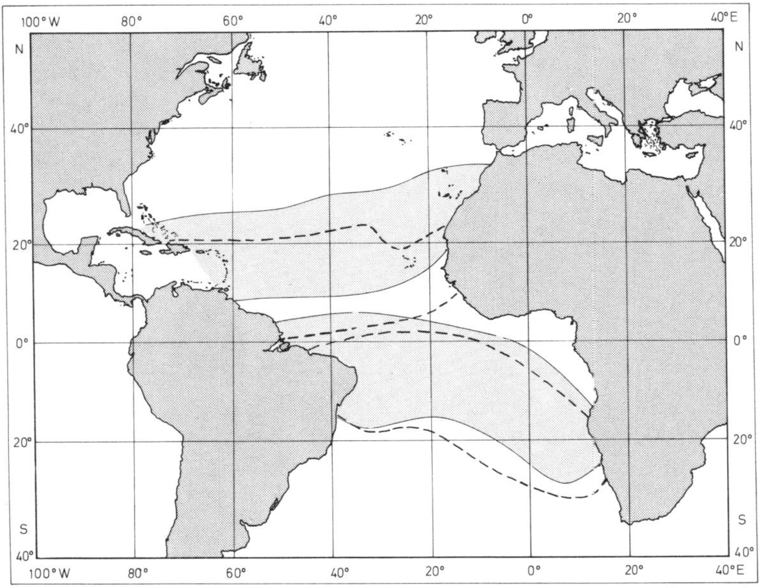

Die Passatzone im Nordsommer (Juli, oben) und im Nordwinter (Januar), unten. Gestrichelt die Lage in der entgegengesetzten Jahreszeit.

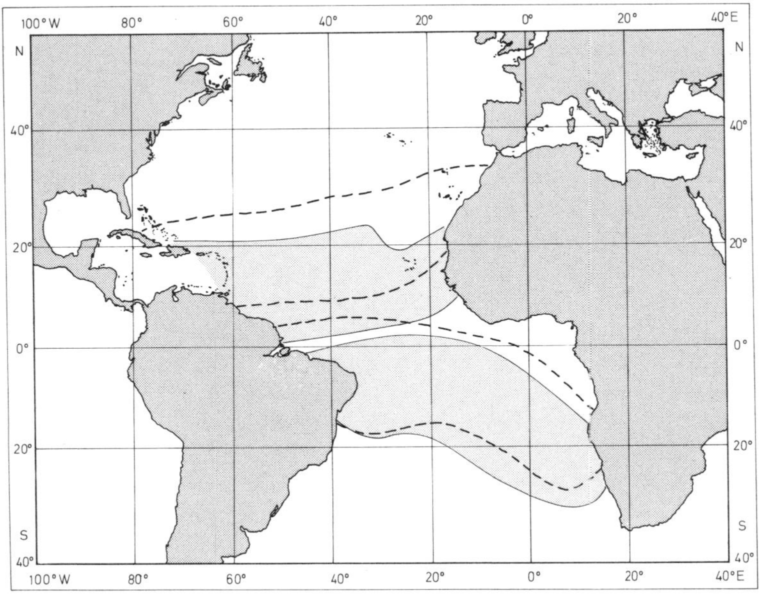

Tage hat »Paloma« gebraucht, um 23474 sm zurückzulegen. Davon hatte sie 239 Tage gesegelt. Und dann beginnen Mutmaßungen, was sie segeln müßte oder könnte, um zu einer bestimmten Zeit wieder in Brunsbüttel in der Schleuse zu liegen:

Auf der Herfahrt hat »Paloma« nur 33 Tage gebraucht – dann könnte sie am 18. August in der Elbmündung sein. Aber der Weg der Ausreise war kürzer. Jetzt muß wegen der Windverhältnisse ein großer Bogen um die Azoren herum gesegelt werden, und die Etmale würden durch die ungünstigen Winde geringer als auf der Ausreise sein.

Es ist für den Skipper interessant, den Luftdruck der Isobaren-Karte nach den Beobachtungen auf »Paloma« zu kontrollieren. Hinter Kapstadt auf ca. 32° S hatte der Bordbarograph bei normalem Schönwetter 1020 bis 1025 mb angezeigt. Dann sank der Luftdruck in der äquatorialen Tiefdruckrinne der Mallungen auf 1010 mb, um jetzt, weit im Roßbreitenhoch, am 18. Juli wieder auf 1025 mb anzusteigen. Den höchsten Luftdruck der ganzen Reise hatte »Paloma« übrigens auf ca. 30° S im Indischen Ozean gehabt: 1030 mb.

In diesen Passatzonen ewigen Sommers und tropischen Gewässern zeigt die Barographenkurve übrigens keine konstante, waagerechte Linie, wenn man auf Ost-West-Kursen und damit unter dem gleichen Hochdruckeinfluß bleibt. Es entsteht eine Wellenlinie mit regelmäßigen täglichen Doppelschwankungen in der Barographenkurve, wie sie zum Beispiel am 11. Oktober 1971 im Atlantik, am 3. Januar 1972 im Pazifik und am 20. März 1972 im Indischen Ozean für die mit diesen Daten begonnenen Wochen gezeichnet wurde: Ein fortlaufender Wellenzug mit nahezu gleich tiefen Wellentälern für Tag und Nacht um etwa 04.00 und 16.00 Uhr Ortszeit und ebenso gleichmäßig wiederkehrenden Wellenbergen gegen 10.00 und 22.00 Uhr Ortszeit, die nur selten durch unregelmäßige Druckänderungen gestört werden. Ein Beweis für die Ausgeglichenheit der Wetterlage in den Tropen.

Am 21. Juli erreicht »Paloma« die Nähe der nördlichen Passatgrenze. Jetzt wird der Ost-Nordost-Wind schwächer, und das Etmal geht von bisher mindestens 130 sm auf knapp über 100 sm zurück. Das erste Schiff wird nach langer Zeit wieder gesichtet. Es ist ein großer Frachter, der wahrscheinlich vom Kap der Guten Hoffnung kommt, aber für New York bestimmt ist. Die Weiterfahrt nach Norden wird mühsam: Hier, nahezu im Kern des Azo-

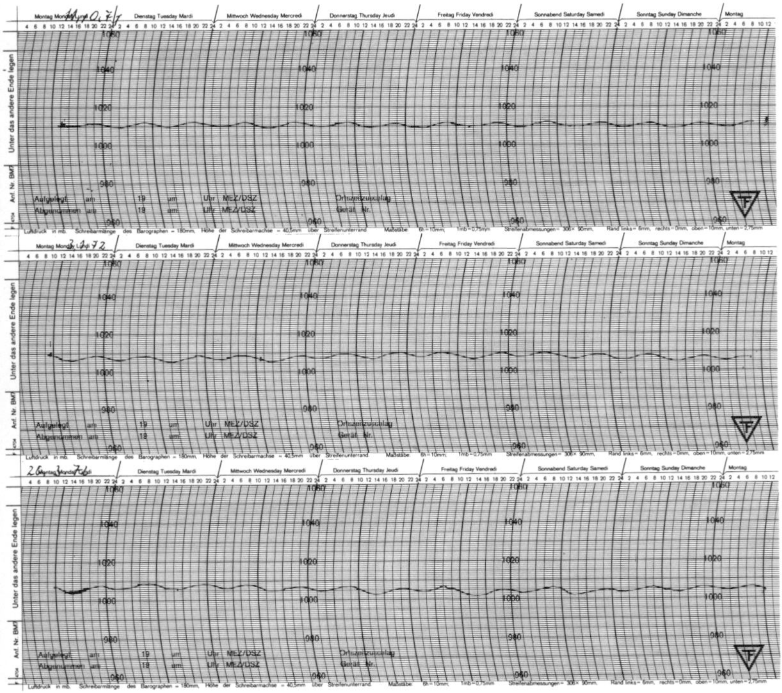

Die charakteristischen Kurven des Barographen in den Passatzonen: Ein gleichmäßiger Wellenzug konstanten Luftdrucks mit zwei täglichen Wellenbergen gegen 10.00 und 22.00 Uhr Ortszeit und Wellentälern um 04.00 und 16.00 Uhr. Der Kurven-Verlauf ist ein Zeichen für die konstante Wetterlage und die nahezu unveränderliche Windstärke.

ren- oder Roßbreitenhochs, weht es jetzt nur mit Windstärken von 0–3, und auch nach den »Monatskarten des DHI« ist kein stärkerer Wind zu erwarten – aber mit durchschnittlich 8 Flautentagen in diesem Monat.

Wenn viele Stunden lang kein Lufthauch zu spüren ist, segelt »Paloma« mit den schönen »portugiesischen Galeeren« um die Wette. An der Hasler-Windfahne wird wieder die Verlängerung aus dünnem Sperrholz angesetzt, damit die Anlage bei leichten Winden feinfühliger arbeiten kann. Am 26. Juli wird mit 1025 mb der höchste Luftdruck dieser Fahrtetappe erreicht. Dafür beträgt das Durchschnittsetmal in der Woche vom 22. bis 29. Juli nur

Datum	Standort		Wind		Seegang	Bewölk.	Kurs	Segel	Fahrt	Etmal
	Breite (S)	Länge (W)	Richtung	Stärke	(Dünung)	%	Grad		Kn	sm
20. 7. 72	22° 58′	38° 48′	E	3–4	2 (3)	50	356	G+Ge	4,5	152
21. 7. 72	24° 43′	38° 39′	E	2	1 (3)	75	346	G+Ge	3	106
22. 7. 72	25° 56′	38° 35′	N	1–2	0 (2)	0	307	G+Ge	2	73
23. 7. 72	26° 32′	38° 41′	WNW	2–3	1 (2)	0	339	G+Ge	3,5	36
24. 7. 72	27° 30′	38° 57′	W	1	1 (3)	0	15	G+Ge	2	68
25. 7. 72	28° 30′	39° 15′	W	2–3	1 (3)	75	355	G+Ge	3	62
26. 7. 72	29° 12′	39° 35′	ENE	1–2	1	50	325	G+Ge	2	45
27. 7. 72	30° 07′	39° 14′	E	0–1	0 (2)	75	325	G+Ge	1	58
28. 7. 72	30° 53′	39° 05′	NNE	2	1 (3)	25	315	G+Ge	2	47
29. 7. 72	31° 55′	39° 54′	NNE	2–3	1 (3)	25	315	G+Ge	3	75
30. 7. 72	33° 16′	40° 00′	ENE	1–2	1 (3)	50	355	G+Ge	2	81
31. 7. 72	34° 35′	39° 22′	S	1–2	1 (3)	50	30	G+Ge	3	85
1. 8. 72	35° 47′	38° 25′	W	4	2–3	50	15	G+Ge	5	86
2. 8. 72	37° 33′	37° 34′	W	4	3	50	40	G+Ge	5	114
3. 8. 72	39° 26′	36° 18′	WSW	4–5	3 (4)	100	50	G (3)+P	5,5	131
4. 8. 72	40° 52′	34° 12′	N	3	2	75	65	G+Ge	4	129
5. 8. 72	42° 18′	32° 10′	NNW	4–5	3	75	69	Ge	5	126
6. 8. 72	43° 35′	29° 52′	WSW	8	5–6	100	70	P	5	100
7. 8. 72	44° 04′	27° 38′	NW	6	5	50	76	Sg+Sf	5	100
8. 8. 72	44° 52′	25° 01′	NW	5	3	100	67	G+P	5	121
9. 8. 72	45° 11′	21° 51′	NNE	3–4	2 (3)	75	89	G+Ge	4,5	134
10. 8. 72	45° 21′	19° 55′	S	2	1 (3)	25	54	G+Ge	3	82
11. 8. 72	46° 00′	17° 52′	SW	6	4	100	65	Ge	6	95
12. 8. 72	46° 49′	15° 45′	N	5–6	4	100	62	G (4)+F 3	5	100
13. 8. 72	47° 53′	12° 50′	N	4	2 (3)	100	77	G+F 1	4,5	133
14. 8. 72	48° 34′	10° 18′	NNE	2	1 (2)	75	78	G+Ge	3	110
15. 8. 72	49° 01′	7° 37′	NNE	3	1 (2)	75	74	G+Ge	4	109

16. 8. 72	49° 29′	4° 44′	N	3	1 (2)	25	66	G+Ge	4	117
17. 8. 72	50° 24′	1° 57′	W	4	2–3	100	82	G+P	5	121
18. 8. 72		Länge (E)								
18. 8. 72	50 °13′	0° 14′	NW	3–4	2–3	75	68	G+Ge	4,5	96
19. 8. 72	51° 14′	2° 09′	N	5	3	75	55	G+F 1	4	104
20. 8. 72	51° 57′	2° 25′	W	2–3	2	75	74	G+Ge	3,5	65
21. 8. 72	52° 38′	2° 41′	N	5–6	3	100	46	G (3)+F 3	4	95
22. 8. 72	51° 31′	4° 57′	N	5–6	4	75	61	G+F 3	4	98
23. 8. 72	54° 04′	7° 34′	NW	3–4	2	75	104	G+Ge	4	100
23. 8. 72	53° 53′	8° 42′	Cuxhaven 21.15 Uhr eingelaufen und festgemacht							

Seglerstatistik Atlantik

gemäß Logbuch der »Paloma«, siehe Seiten 126, 127, 144, 145

A. 8 205 Seemeilen in 77 Tagen
Durchschnittsetmal 106,5 sm
Durchschnittsfahrt 4,4 kn (8,1 km/h)
Geschwindigkeitsgrad R = 3,05

B. Windstärken:

3 Tage Flaute	12 Tage Bft. (4–) 5
13 Tage Bft. (1–) 2	5 Tage Bft. (5–) 6
20 Tage Bft. (2–) 3	0 Tage Bft. (6–) 7
21 Tage Bft. (3–) 4	3 Tage Bft. (7–) 8

das heißt in %:
90 % (69 Tage) Segelbrisen (Bft. 0–5)
6 % (5 Tage) Starkwind (Bft. 6–7)
4 % (3 Tage) Sturm (Bft. 8 und mehr)

C. Segelführung:
44 Tage Vollzeug
23 Tage Passatbesegelung
5 Tage nur ein großes Vorsegel
5 Tage Sturmbesegelung

das heißt in %:
56 % Vollzeug
30 % Passatbesegelung
7 % nur ein großes Vorsegel
7 % Sturmbesegelung

D. Bewölkung:
3 Tage wolkenlos (0 % bew.)
10 Tage heiter (25 % bew.)
23 Tage halb bedeckt (50 % bew.)
28 Tage wolkig (75 % bew.)
13 Tage bedeckt (100 % bew.)

das heißt in %:
4 % wolkenlos
13 % heiter
30 % halb bedeckt
36 % wolkig
17 % bedeckt

58 sm. Die Aussichten, noch bis zum Beginn der Olympischen Spiele in der Elbmündung einzutreffen, werden immer geringer.

Doch dann werden die Etmale größer, und am 3. August erreicht »Paloma« die Höhe der Azoren, ungefähr 250 sm westlich dieser Inselgruppe und damit den letzten Wendepunkt »L« dieser Reise: Die Westwindzone ist wieder erreicht, der Wind hat sich auf West-Südwest eingeblasen und weht in der Morgendämmerung so stark, daß Jörgen Meyer drei Reffs ins Großsegel drehen muß, um »Paloma« nicht zu hart zu segeln. Auch bei dem Wetterleuchten dieser Morgenstunden will er vorsichtig sein.

Am Nachmittag des 4. August passiert ein großer Frachter auf Gegenkurs 3 sm an Steuerbord, wahrscheinlich auf dem Wege vom englischen Kanal zum Panamakanal. Jetzt muß mit zunehmend starkem Schiffsverkehr gerechnet werden, und dazu wird die Ankerlaterne verstaut, die bisher in der Nacht vom Achterstag geleuchtet hatte. Ihren Platz zwischen den beiden Achterstagen nimmt der große Radarreflektor ein, wenn er auch dort nach den neuesten Erfahrungen der passiven Radarsicherung keine große Wirkung gehabt haben dürfte, während das hellere und höhere Topplicht nun während der Nacht auf den einsamen Segler hinweist. Dazu ist ein neuer Schalter für die Seglerlichter rot über grün installiert worden, so daß auch alle übrigen Positionslichter schnell eingeschaltet werden können, wenn ein Maschinenfahrzeug auf das Wegerecht der segelnden »Paloma« während der Nacht hingewiesen werden muß.

Eine besondere Freude schenkt der Sonntag, 6. August: Zum erstenmal können die Consol-Funkfeuer von Bushmills und Ploneis empfangen werden. Die Position nach Consol stimmt mit der gegißten Position überein, aber trotzdem hat Jörgen Meyer zur astronomischen Navigation immer noch mehr Vertrauen. Macht der Gewohnheit nach so vielen Monaten mit ausschließlicher Gestirnsbeobachtung?

Am Abend dieses Sonntags hat der Wind auf 7 Windstärken aufgefrischt und dabei einen hohen Seegang aufgebaut. Als Jörgen Meyer aus der Kajüte in die Plicht steigen will, kommt ein schwerer Brecher über, wie er während der ganzen Fahrt noch nicht ins Cockpit eingestiegen ist. Grünes Wasser füllt die selbstlenzende Plicht und schwappt in breitem Strahl in die Kajüte.

»Glücklicherweise hatte ich beim Aussteigen nur das obere Steckbrett des Kajütniedergangs entfernt«, berichtet Jörgen

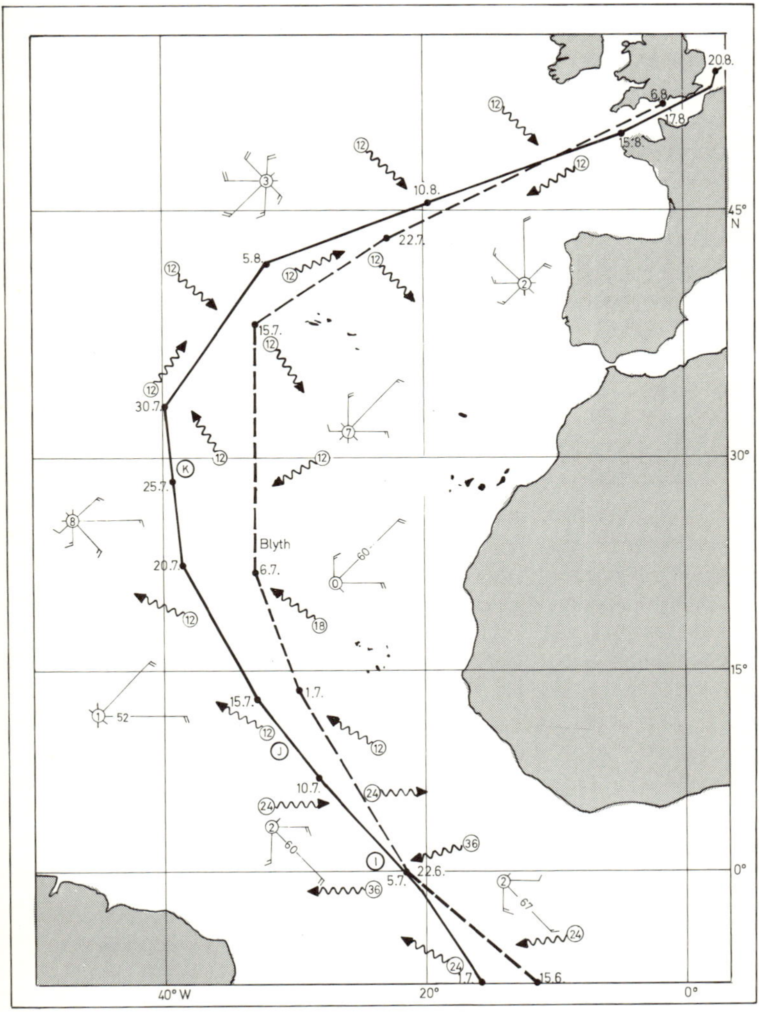

Auf ihrem Nordkurs über den Nordatlantik lief »Paloma« (fette Linie) weiter nach Westen als »British Steel«. Dieser Umweg zahlte sich aus; denn Jörgen Meyer segelte das wesentlich kleinere Boot trotz längerer Distanzen schneller als der gefeierte Brite seinen beträchtlich größeren Kreuzer. Eingezeichnet sind die Kursmarken J und K, die nach den Erfahrungen der Nautiker aus der Zeit der Segelschiffahrt als Wendepunkte gewählt wurden. Auch hier weichen die alten Windjammerrouten beträchtlich von den heutigen Dampfertracks ab.

Meyer. »Sonst wäre die Überschwemmung noch größer gewesen. Leider wurde auch alles durchnäßt, was auf dem Kartentisch lag, zum Beispiel das Logbuch. Das Cockpit war an beiden Außenseiten durch Spritzschutzplanen aus starkem blauem Plastikmaterial geschützt. An der Luvseite wurden die 3 Relingstützen, zwischen denen der Spritzschutz gespannt war, stark nach innen umgebogen. Bei dem an der Leeseite angebrachten Spritzschutz wurden alle 6 unteren, mit Kauschen eingefaßten Befestigungslöcher ausgerissen und die Plane selbst seitlich eingerissen. Das Relingskleid hing nur noch lose herunter. Aber die Plicht war ja gestrichen voll, und die Speigatten konnten diese Wassermenge so schnell nicht lenzen. Wenn aber »Paloma« keinen Spritzschutz gehabt hätte, dann wäre der Anprall des Brechers auf meinen Körper noch größer gewesen und hätte böse Folgen haben können.«

Aber es kommt noch ärger: Um Mitternacht muß der Skipper bei WNW 8–9 alle Segel bergen und »Paloma« vor Topp und Takel treiben lassen. Es ist auch höchste Zeit, denn der Wind beginnt bereits, zwei Nähte im Segel einzureißen. Das ist auch kein unwirsches und böses Pfeifen mehr in der Takelage, sondern ein wütendes, gefährliches Heulen, wenn der Sturm mit mächtiger Hand in das Rigg greift. Die Selbststeueranlage hält »Paloma« einigermaßen auf einem raum-achterlichen Kurs, auch wenn die Fahrt dabei unruhig ist. Aber wenn »Paloma« mit backgesetztem, stark gerefftem Großsegel oder Trysegel ohne Fahrt voraus beigedreht hätte, wäre wohl kaum ein Brecher übergekommen. Jörgen Meyer nimmt die Unruhe in Kauf, um dabei einige Meilen auf dem Weg zur Heimat zu gewinnen.

Im ersten Licht am 7. August morgens, als ungefähr die geographische Breite der Biskaya erreicht wird, kann »Paloma« die Sturmfock und wenige Stunden später auch das Sturmgroßsegel setzen. Am Nachmittag wechselt Meyer die Sturmfock gegen das Passatsegel und in der Abenddämmerung das Trysegel gegen das Großsegel aus. Bei nordwestlichen Winden, die auf Nord drehen, erreicht »Paloma« in den nächsten Tagen wieder Etmale von 121 und 134 sm.

Viele deutsche Weltumseglungen beginnen in diesen Jahren in Häfen am Mittelmeer und enden auch hier – fernab von einem deutschen Heimathafen und vom Wohnsitz der deutschen Segler. Natürlich sind auch diese Fahrten sportliche Leistungen, aber sie sind, insgesamt gesehen, doch leichter und einfacher. Denn bei

Leistungsvergleich von Meyer und Blyth Nordkurs auf Süd- und Nordatlantik (1)

Noch aufschlußreicher wird es, die Leistungen des 30jährigen britischen Einhandseglers, der als anerkannter »härtester Mann« gilt, und des 65jährigen deutschen Einhandseglers, dem man später fehlende Entschlußfähigkeit und mangelhafte Körperkräfte attestieren will, auf der Fahrt von Kapstadt zum englischen Kanal zu vergleichen. Auch hier bleibt die Jahreszeit gleich, und beide Segler folgen denselben Routen-Empfehlungen der »Ocean Passages for the World«. Während die individuelle Kurswahl auf dem Südatlantik und dem Nordatlantik natürlich geringfügig voneinander abweichen muß, berühren sich ihre Generalkurse jedoch am Äquator, wo sie auf dem gleichen empfohlenen geographischen Punkt die Mallungen überwinden und vom Südost-Passat in den Nordost-Passat überwechseln wollen. Es lassen sich also die Gesamtdistanz und zwei »Halbzeiten« vergleichen.

Chay Blyth benötigt mit der großen »British Steel« von Kapstadt zum Äquator-Punkt (25. 5. bis 22. 6. 71) genau 28 Segeltage. Meyer braucht mit der kleinen »Paloma« für die gleiche Strecke nur 27 Tage (8. 6. bis 5. 7. 1972). Unter den gleichen meteorologischen Bedingungen ist »Paloma« nicht nur nach berechneter Zeit (mit dem Handikap ihrer geringeren Größe und kleineren Segelfläche), sondern auch nach absoluter, gesegelter Zeit um einen ganzen Tag schneller!

Auf dem Wege vom Äquator zum Ärmelkanal segelt »Paloma« einen optisch größeren Umwegkurs mit einer längeren Distanz. Aber sie benötigt dafür nur 43 Tage, ehe sie querab der Isle of Wight ist (17. 8.), während Chay Blyth für den etwas kürzeren Kurs zwei Tage länger, nämlich 45 Segeltage unterwegs ist, ehe er am 6. 8. die Isle of Wight passiert und in seinen Heimathafen am Hamble einläuft.

Insgesamt gesehen nimmt der bis dahin unbekannte Deutsche Jörgen Meyer dem berühmten britischen Hochseesegler mit seinem kleineren Boot auf dieser Strecke Kapstadt – Ärmelkanal drei Segeltage ab, eine wohl bemerkenswerte und sportlich gesehen hervorragende Leistung; denn welche der vielen Vergütungsformeln für Yachten man auch immer heranziehen würde, das größere Boot muß nach gesegelter Zeit immer schneller sein und dem kleineren eine Vorgabe von mehreren Tagen geben.

ihnen fehlt (meistens) zweimal die schwierige Strecke einer Reise von und zum deutschen Heimatgebiet und die Bewältigung des Nordatlantiks nördlich der Straße von Gibraltar, die Ansteuerung und das Durchsegeln des Ärmelkanals sowie die Fahrt über die Nordsee mit der nicht einfachen Stromsegelei und der schwierigen Navigation in nächster Nähe der Festlandküsten von Quessant bis Cuxhaven. Auch diese Fahrt von Jörgen Meyer zeigt, wie hart sich gerade ein Einhandsegler selbst im Hochsommer seinen Rückweg auf dieser Route erkämpfen muß.

Viele Monate lang war »Paloma« bei ihrer Weltumseglung von Ost nach West gegen die Zeit gelaufen. Darum mußte die Borduhr nach je 15 Längengraden immer um eine Stunde zurückgestellt werden, wenn eine neue Zeitzone erreicht wurde, und viele Tage wurden je eine Stunde länger. So hatte »Paloma« auf ihrer Fahrt um den Globus insgesamt 27 Stunden gewonnen. Jetzt mußte sie davon erstmalig wieder etwas abgeben: Am 9. August wurde die Uhr (auf Kurs von West nach Ost) um 1 Stunde vorgestellt. Nun ging die Borduhr gegen mittlere Greenwicher Zeit nur noch um 1 Stunde und gegen mitteleuropäische Zeit um 2 Stunden nach. Zweimal würde sie jetzt noch vorgestellt werden, und diese beiden Tage würden statt 24 nur 23 Stunden umfassen. Dann würden die 24 zurückgestellten Stunden, auf den Ausgangs- und Endpunkt bezogen, genau dem 26. Januar entsprechen, der wegen des Datumswechsels ausgefallen war. Somit hatte Jörgen Meyer zwar nominell einen ganzen Tag verloren, aber er hatte an 27 Tagen je eine Stunde geschenkt erhalten, und mußte an 3 Tagen je eine Stunde abgeben, so daß in der Gesamtabrechnung seiner Lebensuhr alles beim alten blieb.

Am 11. August bricht bei auffrischendem Wind kurz vor dem Bergen der Genua die Steuerleine der Selbststeueranlage, und »Paloma« läuft aus dem Kurs. »Für solche Fälle hatte ich immer einen passenden Gummistropp im Cockpit bereitliegen«, berichtet Jörgen Meyer, »den ich sofort einsetzte. Die Backbord-Steuerleine war noch intakt und zog die Pinne entsprechend dem Kurs nach Backbord, während der Gummistropp die Pinne so weit nach Steuerbord zog, daß die Backbord-Steuerleine immer gespannt blieb. Dann barg ich die Genua und zog eine neue Steuerleine ein.

Der Wind pfiff in allen Tonarten, so daß die Versuchung nahe lag, »Paloma« treiben zu lassen, um dem Boot und der Besatzung Ruhe zu gönnen. Aber »Paloma« witterte wohl schon den Stall.

Leistungsvergleich von Meyer und Blyth: Nordkurs auf Süd- und Nordatlanik (2)

Die amerikanischen Herausgeber der World Book Encyclopaedia, die auch sportliche Höchstleistungen im Segeln registrieren, haben Jörgen Meyer als den »schnellsten Weltumsegler mit 30758 sm in 350 Tagen« ausgezeichnet. Sie haben dabei offenbar das Handikap einkalkuliert, das Segelreisen ganz zwangsläufig anhaften muß, die in Häfen weit nördlich des Äquators beginnen oder enden müssen, z. B. in Nordeuropa. Tatsächlich hat es oft den Anschein, als würden andere Weltumsegler schneller sein, die den Auslaufkurs bei ihrer Rückkehr näher an ihrem Heimathafen kreuzen. Es bleibt daher nichts übrig, als eine Weltumseglung dann als beendet anzusehen, wenn sich die ein- und auslaufenden Kurse tatsächlich kreuzen. Dies war bei Jörgen Meyer am 16. 7. 1972 der Fall, als er jenen Punkt im Mittelatlantik erreichte, den er am 11. 10. 1971 bereits auslaufend auf seinem Wege von Brunsbüttel nach Panama übersegelt hatte. Diese seine eigentliche »Weltumseglung« umfaßte 23474 sm und dauerte 9 Monate und 5 Tage, also insgesamt 279 Tage. Rechnen wir von ihnen die Hafentage in Panama, Port Moresby und Kapstadt ab, so segelte Jörgen Meyer in 239 Fahrtagen um unseren Globus. Chay Blyth kreuzte, heimkehrend, am 1. 7. 1971 seinen Auslaufkurs (damals zum Kap Horn) im Mittelatlantik und erreichte die gleiche Position wieder, rückkehrend, am 18. 10. 1972. Er benötigte demnach für diese seine exakte Umrundung des Globus 233 Tage, eine knappe Woche weniger. Seine Route war sicher in einigen Seegebieten schwieriger – aber sie war auch um mindestens 1500 sm kürzer als der Weg, den Jörgen Meyer dort um den Globus nahm, wo unser Erdball etwas dicker ist. Die Zeit, auf die Distanz bezogen, weist auch hier Jörgen Meyer als den schnelleren aus. Eine Feststellung und eine Rechtfertigung für jene, die bisher nicht recht verstanden haben, warum Jörgen Meyer den Benrus Citation Award erhielt und nicht Chay Blyth. Aber Meyer war nicht wegen eines Rekordes um die Welt gesegelt, sondern um sich im Pensionsalter einen Jugendtraum zu erfüllen. An diesen Ausgangspunkt der Gedanken sollten alle späteren Überlegungen stets zurückkehren. Diese schnelle Reise, zwar ohne Eile, aber mit wenig Rast im Hafen, ist letztlich ein Beweis für die ausgezeichnete Kondition, die auch ein Senior haben kann.

Nach einer Einhandfahrt von 350 Tagen glücklich am Ziel.

Deshalb flüsterte sie mir ins Ohr: ›Mit Fock III weitersegeln!‹ Na, ich tat ihr den Gefallen, und ›Paloma‹ machte unter diesem verhältnismäßig kleinen Segel 4–5 kn Fahrt.«

Als »Paloma« noch 250 sm vor dem englischen Kanal steht, kann Meyer zum erstenmal wieder den Seewetterbericht von Norddeich Radio hören, allerdings durch atmosphärische Störungen nur schwer verständlich. Ganz zum Schluß der Durchsage wird beim Sammelanruf der Schiffe, für die Telegramme vorliegen, auch D A 66 19 genannt – das Rufzeichen von »Paloma«! Der Skipper ist aufgeregt: Welchen Inhalt kann dieses Telegramm haben? Mit seinem schwachen Sender ist es leider noch nicht möglich, eine Küstenfunkstelle zu erreichen.

Inzwischen flaut der Wind weiter ab und dreht über Nord auf Nordost. Die Seefunkfeuer von Quessant und Round Island werden gepeilt, um etwas für die Kanalfahrt zu üben. Und dann gibt es noch ein anderes charakteristisches Kennzeichen für die nahen Heimatgewässer:

»Sehr erstaunt war ich über den niedrigen Seegang unter der Abdeckung von Irland. Viele Monate auf den Weltmeeren hatten

Die schnellste Einhand-Weltumseglung in Ost-West-Richtung

Segler-Rekorde werden (von Segler-Institutionen) offiziell nicht geführt, besser sollte man vielleicht einschränkend sagen: bisher nicht. Dafür gibt es andere Registerstellen, die Buch führen. Wenn sie Jörgen Meyer als »schnellsten Ost-West-Einhand-Weltumsegler« verzeichnen, so aus folgenden Gründen:

Es gibt zwei Ost-West-Routen für eine Weltumseglung (wenn man eine Fahrt durch den Suezkanal nicht bewertet): Von Europa durch den Nord- und Südatlantik nach Kap Horn, mit Westkurs nördlich oder südlich an Australien entlang zum Kap der Guten Hoffnung und durch den Atlantik zurück. Oder: Von Europa über den Atlantik zum Panamakanal, durch den Pazifischen Ozean auf der Äquatorroute in den Indischen Ozean zum Kap der Guten Hoffnung und ebenfalls durch den Atlantik zurück.

Beide Routen sind nicht gleich lang: Die direkte Distanz der Äquatorroute beträgt ca. 25 500 sm, die Distanz um Kap Horn ca. 24 000 sm; die Südroute auf dem Klipperweg ist also kürzer.

Chay Blyth scheint bei seiner Alleinfahrt auf der (entgegengesetzten) Klipperroute zuerst eindeutig besser zu sein: Er startete am 18. 10. 1970 im Hamble und kehrte nach 292 Segeltagen am 6. 8. 1971 dorthin zurück. Auf die Distanz bezogen ein Durchschnittsetmal von 82 Seemeilen.

Jörgen Meyer startete am 8. 9. 1971 in Brunsbüttel und traf am 23. 8. 1972, nach 350 Tagen, wieder in Cuxhaven ein. Das ist (auf den ersten Blick) erheblich mehr. Aber die Zeit vermindert sich schon um 11 Tage, wenn man die Ein- und Auslaufpositionen auf den Hamble bezieht. Dann kommt Meyer auf ein Durchschnittsetmal (wieder auf die Luftlinien-Distanz bezogen) von 75 Seemeilen. Darin sind aber bereits seine Ruhetage enthalten, insgesamt 30. Die Gesamt-Segeltage betragen 309, und von Hamble zu Hamble gerechnet nur 299. Da Meyer die größere Distanz von 25 500 gesegelt hat, erreicht Meyer ein Durchschnittsetmal von 85 sm.

Auf die rechnerische Durchschnittsgeschwindigkeit bezogen heißt das: Die »Paloma« war mit 3,5 Knoten um einen Zehntel Knoten schneller als die »British Steel«, auf den Geschwindigkeitsgrad jedoch: die »Paloma« wird mit R = 2,5 bewertet, die »British Steel« nur mit max. R = 1,8. Oder anders: Das größere Boot wurde leistungsmäßig schwächer gesegelt als das kleinere.

mich daran gewöhnt, zwischen Windstärke und Seegang eine Relation zu erwarten, wie sie eben auf den Ozeanen gegeben ist, wo der Seegang einige Tausend Seemeilen Raum hat, um sich zu entwickeln. Jetzt mußte ich mich wieder auf die kurzen Seen in Nord- und Ostsee einstellen.« Nun, wer ein Fastnet-Rennen segelt, wird den Seegang (auch bei nördlichen Winden) nicht gerade als niedrig bewerten – aber eine Windbahn von wenig über 100 sm ist natürlich, auf die Größe der Weltmeere bezogen, eine wirklich kurze Distanz.

Am 15. August erreicht »Paloma« den Kanaleingang. Die Borduhr wird gleich um 2 Stunden auf mitteleuropäische Zeit vorgestellt, die ja auch in England gilt. Zum letztenmal wird die Position astronomisch bestimmt. Anstelle der nautischen Tafeln kommt wieder der Atlas der Gezeitenströme auf den Kartentisch. Traurig schreibt Jörgen Meyer in sein Logbuch: »Das Blauwassersegeln ist jetzt vorbei, denn die Nordsee ist verhältnismäßig flach. Das Wasser ist schon im Kanal nicht mehr blau, sondern hat eine graugrüne Farbe. Ich freue mich sehr auf Zuhause, aber ich denke mit ein klein wenig Wehmut daran, daß ich die herrliche Weite der Ozeane wohl so bald nicht wiedererleben werde.« Ist das ein Teil unserer Sehnsucht als Blauwassersegler: Dort draußen auf See ist die Welt noch in Ordnung!?

Am 17. August versucht Jörgen Meyer, querab der Isle of Wight, über Niton-Radio Telefonverbindung mit seiner Frau in Bayern zu bekommen – leider ohne Erfolg. Zum drittenmal kreuzt »Paloma« auf ihrer Weltreise am 18. August den Null-Meridian von Greenwich: Zum erstenmal hatte sie ihn auf der Ausreise am 12. September 1971, zum zweitenmal auf der Heimreise im Südatlantik am Mitsommertag 1972 übersegelt. Über Boulogne-Radio kann Meyer auch endlich seine Frau sprechen – 7 Minuten lang. Der Tag der Ankunft in der Elbmündung wird gegißt: wahrscheinlich der 23. August.

Am 22. August steht »Paloma« querab von Terschelling-Feuerschiff bei Nordwind, Stärke 7, der jedoch in der folgenden Nacht auf eine Vollzeugbrise aus gleicher Richtung zurückgeht. Durch Verbindung zu Norddeich Radio erfährt Meyer am 23. August, daß die Stadtverwaltung von Cuxhaven ihn zu sprechen wünsche. Überraschend für den einsamen Segler, der allein und ohne Aufsehen vor knapp einem Jahr die Elbmündung verließ: Ein großer Bahnhof wird vorbereitet!

Seglerwissen – leicht gemacht
Der Trans-Ocean-Preis

Eine verdiente Auszeichnung für Jörgen Meyer nach seiner schnellen und beispielhaften Einhand-Weltumseglung mit dem Seekreuzer »Paloma«.

Ein Motorsegler von »Palomas« Bauwerft erwartet Meyer in der Elbmündung, mit Familienangehörigen und Herrn Muffler an Bord, der den Typ »Fähnrich 34« bauen ließ. Muffler soll »Paloma« sofort nach Cuxhaven lotsen, und Meyer soll sich in dieser Zeit landfein machen. Das Übersteigen des Ablöseschippers auf »Paloma« mißglückt durch hohen Seegang, aber ein Lotsenversetzboot, das zum Ehrengeleit des Einhand-Weltumseglers auf Station liegt, setzt Muffler mit seinem Tochterboot über. Um 21.15 Uhr macht »Paloma« endlich im Yachthafen von Cuxhaven fest. Jörgen Meyer wird nicht nur von seiner Frau und seinen Familienmitgliedern, sondern auch vom Oberstadtdirektor, Vertretern des Yachtklubs Cuxhaven, des Trans-Ocean-Vereins, vielen Reportern und zahlreichen Seglern begrüßt.

»Paloma« hat tatsächlich eine stolze Bilanz vorzulegen: Vom Start in Brunsbüttel am 8. September 1971 bis zum Einlaufen in Cuxhaven am 23. August 1972 wurden 30758 Seemeilen zurückgelegt. 350 Tage waren seit dem Auslaufen vergangen, aber nur 349 Tage hatte Jörgen Meyer unterwegs erlebt.

Für die letzte Etappe hatte »Paloma« 76 Tage benötigt und die Distanz Kapstadt–Cuxhaven von 8205 Seemeilen mit einem Durchschnittsetmal von 108 Seemeilen gesegelt. Vom Einlaufen in den Ärmelkanal bis zur Alten Liebe waren genau 7 Tage und 9 Stunden vergangen, mit 727 Seemeilen, von denen nur die letzten 24 nicht allein gesegelt wurden. Ein Segelsenior hatte der deutschen Seglerjugend neue Maßstäbe gesetzt, eigentlich, ohne es selbst zu wollen. So war es nicht verwunderlich, daß am nächsten Tag Fernsehreportagen und Empfänge folgten, auch ein Essen wurde ihm zu Ehren gegeben.

»Von den vielen Ehrungen, die ich nicht erwartet hatte, war ich sehr beeindruckt«, bekennt Jörgen Meyer. »Gesundheitlich war ich bis zuletzt in bester Verfassung. Ich hätte also noch einige Monate länger segeln können. Die Einsamkeit habe ich auch gut vertragen, denn es gab immer etwas an Bord zu tun. Außerdem habe ich viele Bücher gelesen, meine englischen Sprachkenntnisse verbessert und mich mit autogenem Training befaßt. Mit dieser Fahrt wurde mein Jugendtraum erfüllt. Es war ein großartiges Erlebnis.«